図解 明日を生きるための「資本論」

——超・格差社会に持っておきたい武器——

JN110303

的場昭弘〔監修〕

青春新書
PLAYBOOKS

はじめに

本書は、2014年に『まるかじり！資本論』として青春出版社から出版されたものがベースになっています。現在の新しい情報や、池上彰さんとの対談を加え、新書判としてリニューアルしたものです。

2014年は、フランスの若いエコノミストであるトマ・ピケティの『21世紀の資本』（みすず書房、2014年）という書物がもてはやされ、所得格差の問題が大きくクローズアップされていました。この書物は、資本主義の中心であるアメリカでもベストセラーになっていたのです。だからこそ、人々は格差の原因を求めてマルクスの『資本論』を読もうとしました。

『資本論』に対する人々の関心は時代によって変化しています。私の学生時代には、ベトナム戦争、中国の文化大革命、そしてフランスの五月革命、さらに全国で起こった学生運動によって、人々の『資本論』への関心が生まれました。もっと古いところでは、戦後の飢餓、労働組合運動の高まり、また植民地地域での革命運動によって、『資本論』への関心が生まれています。

しかし、1991年ソ連崩壊によって、大方の人々が資本主義こそ人類唯一の選択肢であると思い始めたころから、『資本論』への関心は薄れていきました。しかし、日本経済がバブル崩壊後の長期停滞に入ったころから、再び『資本論』への関心は高まります。やがて2008年、リーマンショックという1929年の大恐慌以来の事態に遭遇して、人々はその原因を知ろうと考え、『資本論』を読もうとしました。

2021年の現在、また静かな『資本論』ブームが起こっています。今回は、コロナ禍ということもあり、人々の関心は資本主義のもたらす環境破壊の問題に焦点があります。コロナのような感染症は資本主義であろうがなかろうが起こるものですが、これほどのスピードでパンデミックになったのは、資本主義のグローバル化の進展の結果であることは間違いありません。さらに、国際分業によって世界が深く結びついていることで、物流や人流を止めることもできなくなっていて、コロナの克服は一国ではなく、世界に課せられています。

こうしてみると、『資本論』という書物は、汲めど尽きせぬ井戸のように、あらゆる時代にあらゆる問題を深く考えるための道具として、欠かせぬ書物であるということです。最良の古典といってもいいでしょう。しかしそれ以上に重要なことは、こうした諸問題の原因が、資本主義が生み出した資本の価値増殖という宿命にあることです。資本主義である限りこの宿痾《しゅくあ》から脱却できない。だからこそ、資本主義が引き起こす諸問題を考えるときに、『資本論』は、必読の書物だということです。

本書は入門書です。本書を読んだ読者が大部《たいぶ》の書物『資本論』に挑戦されることを期待します。

2021年9月11日

的場昭弘

図解 明日を生きるための「資本論」●もくじ

はじめに …… 3

特別対談
池上彰×的場昭弘
『資本論』が教えてくれる、これからの働き方 …… 11

第1章
『資本論』はどうやって生まれた？

01 ところで『資本論』ってどんな本？ …… 50
02 『資本論』を書いたマルクスってどんな人？ …… 54
03 マルクスのここがすごい！① 哲学者としての横顔 …… 58

04 マルクスのここがすごい！② 革命家・ジャーナリストとしての横顔 …… 60
05 マルクスのここがすごい！③ 経済学者としての横顔 …… 62
COLUMN 『資本論』読破のコツ …… 64

第2章 明日を生きるための『資本論』超入門

01 そもそも商品の「価値」ってどうやって決まるの？ …… 66
02 商品の価値はどうして「お金」で表されるようになった？ …… 70
03 お金は商品と一緒に生まれる双子の兄弟？ …… 74
04 ところで「お金」っていったい何モノ？ …… 78
05 「お金」はどこで「資本」に変わる？ …… 82
06 「プラスαの価値」が生まれるしくみって？ …… 86

07 機械や原材料は、商品の「価値」に影響しないの？ …… 90
08 労働者はいったいどれくらいピンハネされている？ …… 94
09 なぜ労働者はピンハネされ続けてしまうのか？ …… 98
10 資本家が儲ける量を増やすには？ …… 102
11 もっと賢く「プラスαの価値」を増やすには？ …… 106
12 労働の歴史① まずは労働者を一つの場所に集めるべし！ …… 110
13 労働の歴史② 人はいつしか〝歯車の一部〟になっていく …… 114
14 労働の歴史③ 機械登場。人は機械に支配され、飲み込まれる …… 118
15 資本主義の〝生産的〟な労働ってどんなもの？ …… 122
16 生産性が上がると、労働力の価値は上がる？ 下がる？ …… 126
17 ピンハネの度合いを公式で表してみると… …… 130
18 労働者は「給料」という言葉にダマされている？ …… 134
19 労働力の価値が下がるのになぜ労働者はますます悲惨な環境で働くの？ …… 138

20 出来高払いならピンハネされてないんじゃない？ …… 142
21 利潤はこうして資本に変わる① スタートは再生産のくり返し …… 146
22 利潤はこうして資本に変わる② 拡大再生産が始まる …… 150
23 利潤はこうして資本に変わる③ 資本家も機械などに再投資する …… 154
24 資本主義が発展すると① 労働者は資本家同士の闘いの犠牲者となる …… 158
25 資本主義が発展すると② 結局、失業者や半失業者がどんどん増える …… 162
26 資本主義が発展すると③ 貧しい労働者が増え、貧富の差が広がる …… 166
27 原点に戻って考えると、最初の「資本」の出どころって？ …… 170
28 労働者をつくったのは、「資本」と「国家」の強力タッグだった …… 174
29 資本主義社会の未来はどうなる？ …… 178
30 植民地さえも例外ではなかった …… 182
31 必然的に恐慌は起きる。それでも、資本の拡大は続く …… 186

編集・構成	クリエイティブ・スイート
本文デザイン・DTP	センターメディア
本文イラスト	YUU
図版	小河原徳（C-S）
マルクス写真	Everett Collection/Shutterstock.com

本書は2014年12月に四六判で出版した『まんが図解 まるかじり！資本論』の内容をリニューアルし、対談を加えて新書化したものです。

本書で使用した『資本論』からの引用部分は、基本的に『マルクス　資本論』（エンゲルス編，向坂逸郎訳　岩波文庫）に拠らせていただきました。

特別対談

池上彰×的場昭弘

『資本論』が教えてくれる、これからの働き方

『資本論』を読む最大のメリットは、私たちが働いて生活しているこの世界の本質をしっかりつかめるということです。

——的場

『資本論』を読むことによって、社会全体、経済システム全体を俯瞰《ふかん》して見ることができるようになると、自分の働く意義や生きがいを取り戻せるのではないでしょうか。

――池上

☼東京オリンピックに隠されていた格差問題

池上　先の東京五輪で金メダルを獲得したアスリートが「努力は報われる」という趣旨の発言をして感動を呼びました。たいへんいい話ではありますが、美談としてそのまま受け取る前に認識しておかなければいけないことがあります。

実は先日、「白熱教室」のマイケル・サンデル教授と対談したのですが、そのとき彼はこんな指摘をしていました。彼が教えるハーバード大学の学生たちは「自分たちは一生懸命勉強したから、ハーバードに入れたんだ」というプライドを持っている。しかし、実際は幼い頃から高度な教育を受けられる家庭環境で育ってきたから、そういう努力を積むことができたわけです。五輪のアスリートたちも、幼い頃から親が熱心に指導したり、スポーツ教室に通えたり、スポーツを思う存分やれる環境にいたから、優れた競技成績を残し、五輪に出場し、メダルを獲れたのではないのか。

もちろん、本人たちは死ぬほど努力をしてきたことは間違いありません。そうでなければ、世界の頂点に立てるはずがない。でも、**その努力ができる前提条件があった**

からこそ、報われたのではないでしょうか。その前提条件は、一般の人々にとって当たり前のスタート地点ではない、誰もがその恩恵に浴せるわけではないということは知っておいたほうがいいと思いますね。

的場　メリットクラシー（実力主義、能力主義）の問題ですね。かつての身分社会では、能力ではなく、家柄や血筋によって支配関係が決まりました。能力主義はそうした身分社会を崩壊させ、実績によって認められるようになりました。それはメリットクラシーの功績であるわけですが、その背景には個人主義、功利主義の確立という側面があります。**自分ひとりの努力によって地位を得るというのが個人主義で、そこには社会の貢献が考慮されていません。**

サンデル教授はコミュタリアン（共同体主義者）なので、社会的環境が自分を育てているという配慮がメリットクラシーには欠けていると指摘しているのでしょう。同じ中学校に通っている子供でも、学校の義務教育だけを受けている子供と、塾や家庭教師をプラスした教育を受けている子供では、その後の学歴がまったく違ってきます。こうしたことが、いま問題になってきていますね。

池上　努力が報われるというのは、努力すれば報われるような環境にいるということですよね。そういう環境の外側にいる人は、そもそも努力することすらできない現実があるということが明らかになってきたんだと思います。

的場　かつての経済成長の時代には、誰もががんばれば給料が上がりましたし、出世もできました。経済が成長しているときには、トリクルダウン（おこぼれ）があったから、上の層でなくても少々のことは我慢できました。でも、いまはトリクルダウンがなくなりつつあります。

池上　つまり、自由主義のもとで、効率一本やり、おこぼれなんてとんでもないとなると、結果的に周りの人に富が行かなくなり、ひと握りの人にだけ集中します。現在の資本主義社会は、まさに効率こそすべての世界になってきているんですね。

☼コロナ禍のいま、なぜ『資本論』なのか？

的場　今回のコロナ禍は資本主義の発展が生み出した現象だと思っている人が少なからずいるようです。環境問題の深刻さがいよいよ現実のものとなってきた。その一つが新型コロナの感染爆発だというわけです。それとともに資本主義社会を作ってきた様々な経済体系、たとえば雇用などに綻《ほころ》びが出てきて、この体制を変えなければいけないのではないかと思う人が増えてきました。

ある意味で、ウイルスは平等です。誰でもかかる可能性がある。しかし、**感染率も致死率も低所得者層のほうが断然高い**のです。高所得者層はリモートワークなどにシフトしてリスクを減らすことができますが、低所得者層はそれができません。現場仕事が多いですから、リスクを抱えて出勤するしかない。リスクが高いから、感染も増えていきます。新型コロナの拡大は、そうした格差を如実に示しています。

池上　たしかにその通りですね。リモートワークで仕事ができる人はいいですが、エッセンシャルワーカーのような人たちは感染リスクを背負いながら仕事をしなければいけません。それなりの給料をもらっているホワイトカラーは優雅に家で仕事ができるのに、給料の安い人ほどリスクの高いことをしなければならない。そのため、「これっておかしいんじゃないの？」という意見がまた出てきたんですね。

これまで『資本論』ブームは何度か起きていますね。もちろん日本でも、マルクス経済学がものすごく広がっていた時代には、多くの学生が『資本論』を読んでいました。しかし、東西冷戦後にソ連が崩壊し、社会主義圏の国々が次々に資本主義になっていくと、「もう『資本論』は終わった」というムードが広がり、「資本主義バンザイ」「市場経済こそ万能だ」といわれるようになりました。

その結果、自由主義経済がどんどん進んでいってリーマンショックが起きました。それによってとてつもない経済格差が広がり、「やっぱり資本主義っておかしいんじゃないの?」という意見が出てきたわけです。

今回のコロナ禍でも高所得者層と低所得者層のあいだにリスク格差があることが明らかになってきました。このように、資本主義に問題が出てくるたびに『資本論』が注目を集め、読み直されています。現在の『資本論』ブームも、そのような流れの中で出てきたように思います。

✡PC、インターネット、AI…技術が進歩しても、仕事はラクにならない?

池上　パソコン、インターネット、DX（デジタルトランスフォーメーション）、A

今回のコロナ禍は資本主義の発展が生み出した現象だと思っている人が少なからずいるようです。環境問題の深刻さがいよいよ現実のものとなってきた。その一つが新型コロナの感染爆発だというわけです。

——的場

I（人工知能）と、デジタル化の波は加速しています。それによって社会は便利になっていくはずなのに、仕事量や労働時間は減るどころか、むしろ増えていると感じる人が少なくないのではないでしょうか？

言葉は悪いですが、**資本主義とは基本的に労働者から搾り取る経済システム**です。リモートワークで通勤時間がなくなるので、時間ができた。じゃあ、その時間も使って効率的に働いてもらいましょうということになる。

よくいわれるのが、成果主義の時代になって、金曜日の夕方に「月曜の朝いちばんにあげてね」と膨大な仕事を押し付けられるという話です。休日中に片づけるしかありません。「成果こそすべて」というシステムにとっては、相手の労働時間や労働のタイミングなど考慮の対象にならないんですね。

的場　労働時間に関する規定がすっかり曖昧になってしまいましたね。リモートワークによって通勤から解放されると、労働がいつなんどきでもできるということになりました。何時から何時までと規定されていた時間賃金という概念が消えて、出来高賃金になってきたということです。

パソコン、インターネット、ＡＩ……社会は便利になっているはずなのに、仕事量や労働時間はむしろ増えていると感じている人が少なくない。資本主義とは基本的に労働者から搾り取る経済システムだからです。

——池上

『資本論』でも、**時間賃金から出来高賃金に移る過程は労働強化になる**といっています(『資本論』第1巻、第17章・18章)。つまり、**出来高賃金になるとノルマが上がってくる。**出来高賃金では、ノルマに応じて労働時間が決まっていませんから、どこにいようがノルマの仕事を仕上げなければならないため、睡眠時間を削ったり、休日を削ったりして労働が強化されていくわけです。しかも、それが見えにくいんですね。

池上　肉体労働は目に見える形で働いていますからまだわかりやすいですが、知的労働はわかりにくい。ズームによるリモート会議ですむからラクだろうと思われがちですが、労働をするわけですから会社にいるときと同じように疲れます。でも、リモートであるためにそれが見えないんですね。肉体労働以上に知的労働で労働強化が進んでいるのは、新しい現象だと思いますね。

的場　**技術が進化すると、人間の労働はラクになると思われているようですが、けっしてそうではないんですね。**マルクスも『資本論』の中でそのことをいっています。イギリスの学者アンドリュー・ユア(1778~1857)は、生産手段が機械化されていけば、人間は労働から解放されるといっているのですが、マルクスは真っ向から反対しています（『資本論』第1巻、第13章）。人間が労働から解放されるというのは真っ赤な嘘で、むしろ**機械の進歩に応じて人間の労働は強化されていくから、労働から解放されることはない**、バラ色の未来が待っているというのは大嘘だと。

池上　資本主義のシステムだと、とにかく儲けることが第一義になります。そうなると、ＡＩをフルに使ってさらに利益をあげようということになるわけです。人間を便利にするためのＡＩ開発なんだから、その進歩によって人間の仕事を減らしていこう――本来そうなるはずですよね。ところが、資本主義のシステムのもとでは、そうはならないということです。むしろ、**労働はより濃密化していくんですね**。

資本主義の行き詰まりを敏感にキャッチしている若い世代

的場　いまの若い世代の人たちは、自動車や高級ブランド品などへの所有欲が薄く、出世にも強い関心を示さないといわれています。それは資本主義の過度な競争社会がもたらした副作用という見方もされていますが、まさに資本主義が成長の限界に行きついている一つの形かもしれません。

飽和状態という言い方もできますが、現在の世界は過剰生産で、必要と思うものはすでになんでもあります。あくせくする必要はありません。もちろん高級品はありますが、ふつうの製品であればあり余っている状態です。品質を問わなければ、100円ショップでたいていのものは揃います。贅沢をいわなければ、私たちは十分満足できる世界に生きています。

ただ、そのぶん賃金は下がっていく。賃金が下がっていくことを気にせず、この世界でしょぼくてもしたたかに生きていくと開き直れば、生きていくことはそれほどむずかしくはありません。高級品は必要ないし、自動車もいらない。遠出をするときにレンタカーを借りるなど、状況に合わせてうまく使えばいい。そういう風潮が若者たちのあいだに広がっています。

おそらく、それが消費減退の一つの要因になっています。これは日本だけでなく、世界的な風潮です。かつてのように、バンバン作って、バンバン消費し、バンバン環境破壊していくというやり方に、もう人間がついていけなくなっている。若者たちの経済的欲求の低下は、その一つの表れだと思いますね。

池上　結果的に、世界中がデフレになりつつあるっていうことですよね。デフレが広がり、海外でも物が売れなくなっている。まさに資本主義的な発展の行き詰まりが、こうした形で表れているのだと思います。

逆にいえば、**「必要ないものはいらない」という人たちが増えて、一つの生き方になると、脱資本主義やポスト資本主義の形が見えてくる**のかもしれません。

的場　資本主義ではこれまでだいたいインフレが問題視されてきましたが、インフレより怖いのは実はデフレなんですね。インフレでは貨幣の価値が下がるにつれて物価が上昇する。でも、給料も上がっていったので、ある意味では前向きにとらえられます。

しかし、デフレーションでは、物価が下がり、企業の売り上げが減少し、したがって給料も増えていかない。あらゆることが後ろ向きになり、成長を止めてしまいます。経済成長主義を破壊する現象、それがデフレなんですね。

この兆候はいまから20年ほど前にも見られました。いわゆるバブル崩壊で金融再編がされるとき、この現象が起きたのです（デフレスパイラルという現象）。以来、この現象はたびたび日本を襲っていて、安倍前首相が打ち出したアベノミクスは、まさに日本経済をインフレに転換させようというものです。資本主義にとって、デフレはそれくらい怖いものなのです。

池上　「インフレは怖い」と私たち世代は教えられてきました。あの頃は、デフレなんてありませんでしたから。ところが、アベノミクスは「なにがなんでもインフレにしよう」と、昔では考えられなかったことをやっています。それはとりもなおさず、資本主義にとってデフレがいかに致命的なものであるかの証明です。

的場　インフレというのは、一種のバブルです。バブルを起こすことはすなわちインフレにするということです。信用インフレであれ、貨幣インフレであれ、バブルになると心が高揚し、ユーフォリア（多幸感）の状態になる。それがバーチャルな数字であったとしても、いかにも儲かっているような気がする。この「気がする」ということが重要で、常に前向きである資本主義の進歩になくてはならないものなのです。デフレは儲かっているという前向きの意識を後ろ向きにしてしまうという意味で、資本主義にとっては非常に怖い存在です。

池上　いま問われているのは、**インフレにして物価を上げて企業の売り上げを伸ばし、それによって給料が上がっていくというこれまでのシステムでいいのだろうかということ**ですよね。それは、いままでの生き方でいいのですかという問いかけでもあります。

いまの若い世代の人たちは、そんな時代の空気を敏感にキャッチしているのではないでしょうか？

シェア、ボランティア…の広がりは何を意味するのか？

池上　物欲や所有欲が薄い若い世代の人たちは、シェアすることに寛容で、ボランティアにも関心が高くなっています。

的場　いまの若者たちはある意味でわれわれの世代よりも高度な教育を受けて、知的レベルが上がっています。表面的にはそうは見えませんが、実質的な考え方というのはかなり高いレベルにあるといっていいと思います。

たとえば、私たちの世代は、協同組合やアソシエーション（共通の目的で集まった機能的集団）の仕組みを時間をかけて考え出し、現実化していきましたが、いまの若い世代はネットでなにかを共同購入したり、シェアして使ったりすることを普通に行っています。いわば、身の丈に合った、自分に合ったことを自然に選択するようになっています。

それを社会主義的というとあまりにもいいすぎかもしれませんが、社会に対する考え方があらたまって、自分の利益を乗り越えて社会と付き合うというか、自然にそういう方向で動いているという意味では、「社会主義的」な傾向が出てきているのかなという気はします。

池上　そうですね。とくにボランティアに対する関心が広がるというのはそういうことかもしれません。資本主義で徹底的にこき使われてヘロヘロになって働いて、「自分は何のために働いているんだろう？」「働いて給料はもらっているけれど、世の中のためになっていないんじゃないか？」「会社を大きくするために貢献しているかもしれないけれど、それがどうしたというのだろう？」という虚《むな》しさを感じる人が多くなってきた。そういう人たちはボランティアをすることによって、「世の中のためになっているんだ」「困っている人のためになっているんだ」と自覚でき、生きがいを感じるようになっているのでしょう。

自分はこの世の中で必要とされている存在なんだと自覚できることを知った人が、一生懸命にボランティアに励む。いってみれば、いまの資本主義社会からの脱出というか、**このシステムに巻き込まれるのが嫌だと思って、自分の生き方を探っているの**ではないかと思いますね。

的場　先ほどの「がんばれば報われる」環境にいない人々のように、仕事でがんばってもなかなか成果があがらなかったり、社会に役立っているとか貢献している実感が得られなかったりするとき、ボランティアで困っている人の役に立つと、仕事以上に自分の存在価値を感じやすくなるというのはあるかもしれませんね。

池上　まさに「見える化」するんだと思うんですよ。水害で床上浸水して泥だらけになった家に行って、汗だくになって泥掻きをすると、そこに住むお年寄りから心をこめて「ありがとう」と言われる。これはうれしいわけですよ。

的場　本当にそうですね。最近はそういう災害があると、若者たちが集まってきます。

これは日本だけではありません。先日（2021年7月）、ドイツで水害があったときも、若者たちがたくさん集まってきて懸命に復旧作業にあたっていました。

昔は日本でもこういうことは自衛隊や災害復興の専門家たちが行ってきました。それが市民運動の成果があらわれてきているのか、新しい自分の価値観を持とうという人たちが出現してきました。給料は上がらないけれど、別のところで自分の生き方を見つけようとしているのかもしれません。

マルクスは、資本家を利する価値増殖過程や価値形成過程ではない、すなわち「労働過程」があるといっています。つまり、**資本家のために働いて、自分の労働がどれだけ役立っているかを測るのではなく、自分のため、社会のためにどれだけやっているかで価値を測る。**その労働は一銭の剰余価値も生み出さない報われない労働だけれど、それでも意味のある労働であるということです。そういう意味では、ボランティアに意味を見出す若者たちの考え方は、反資本主義的であるといえます。

池上　たぶんいまの若い人たちは、いまの資本主義社会に疑問を持ち、無自覚にですけれど、資本主義社会の生き方ではない別の生き方を探しているのではないでしょうか。それがボランティアという形で表れているのかなと思いますね。

✿日本の資本主義社会は、これからどうなっていくのか？

的場　このように日本の資本主義が揺らいできているのは確かですが、だからといって、これから資本主義はどこに向かうのか。その命題に答えを出すのはひじょうにむずかしいことです。ただ、**日本がある意味、資本主義の先駆者であるということはいえる**と思います。**GDPは停滞しているし、経済発展も滞っていて、何もかもダメな現在の日本がどうして先駆者なのかというと、実はそのダメな部分にこそ資本主義の未来が見えるから**です。

つまり経済成長がゼロになり、社会が停滞するという、あたかも資本主義の行きつく先に直面した最初の国が日本なのです。日本の資本主義は停滞しているがゆえに、先駆となり、世界の未来を指し示しているといえます。その一つがバブルの崩壊です。日本のバブルの崩壊をしっかり分析していれば、その後の世界的バブルの崩壊は防げていたかもしれません。もう一つ重要なことは、リーマンショックという世界的バブル崩壊後は多くの国で高成長していないということです。バブル以前とバブル以後、元に戻らない崩壊があるということを日本の事例が教えてくれているわけです。

今回のコロナの拡大にも同じことがいえます。多くの人が、コロナの感染が収まれば、やがて元の社会に戻るだろうと思っていますが、果たしてそうでしょうか。コロナが根絶されることはなく、これからも共存していく時代が続くかもしれません。

そうなると、いままでとはまったく違ったポストコロナ社会を生きていかなければならない。これほど環境に負荷を与えるものとどのように付き合いながら生きていくか、きわめて注意を要する経済体制をとらなければいけなくなるかもしれないんです。「ポスト」という言葉には、前と後ではまったく内容が異なるという意味合いも含まれています。そう考えると、現在の日本も、これまでとはまったく異なる「ポスト資本主義」に進んでいるのかもしれません。そうすると、現在の経済的停滞は、ひじょうに深い意味をはらんでいる可能性があります。

池上　日本は資本主義の最先端をいっているというお話がありましたけど、海外では**「ジャパニゼーション」**という言葉が使われているんです。**「日本化」**という意味ですが、どういうシーンで使われているかというと、アメリカにしてもヨーロッパにしても、デフレが続いてゼロ金利政策を延々と実行しているにもかかわらず、いっこうにインフレにならない。あれ、これはかつて日本が体験してきたことと同じじゃないか。ゼロ金利をダラダラと続けやがってとバカにしていたけど、結局日本と同じ道をたどっているんじゃないかというわけです。

米ＦＲＢ（連邦準備制度理事会）のベン・バーナンキ前議長は、議長になる前、日本の金融政策を厳しく批判していました。「ゼロ金利政策を続けているにもかかわらず、延々とデフレを続けて何をやっているんだ」といっていたんです。ところが、アメリカの金融政策のトップであるＦＲＢ議長に就任してゼロ金利政策をとらなければいけなくなったとき、彼は「日本に謝りたい」といったのです。日本を批判してきたが、アメリカも同じ政策をとるしかなかったのです。

的場　これまでの経済学では恐慌が起きてデフレになると、通貨量を増やして経済を活性化させるという伝家の宝刀がありました。ゼロ金利政策はまさに資本主義経済学の伝家の宝刀です。日本はその刀を抜きましたし、アメリカも抜いた。ところが、現在のデフレにはまったく効果がありません。バーナンキはそれを日本の状況を見て学びました。また、ノーベル賞を獲った有名な経済学者も、日本の政策についてあれこれ批判しましたが、アメリカのデフレには有効な手段を示せていません。

池上　アメリカはバイデン政権になって、必死にインフレにしようとしています。たくさん公共事業を打って、経済を活性化しようとしていますが、これはちょっと前のアベノミクスと同じですよね。

そうしたことを見ると、やはり**日本の資本主義は先に進んで、最先端であるがゆえの様々な問題に直面している、ともいえる**のだと思います。

そうなると、厳しいのはまったくモデルがないことですね。これまでは、アメリカなりイギリスなり、資本主義先進国が通ってきた道を追随することができました。要するに、彼らがやってきたことをマネすればよかったわけです。

ところが、日本が資本主義の最先端にきてしまうと、マネすべきモデルがありません。モデルがないどころか、逆に世界中が現在の日本に注目しています。資本主義が行き着くところまで行ってしまった現在の日本が、経済発展しなくても幸せな国を作れるのかどうか、世界はかたずを飲んで見守っているのです。

的場 資本主義はこれまで発展と成長の中で進化してきたわけですが、**発展しない資本主義がありえるとしたら、それはどのように機能するのか。まさにいま日本はその実験を行っています。**

世界の主流の学者は、まだ成長できる余地はあると考えていますが、世界中が日本と同じ状態になったら、もしかすると成長しない経済が一般化するかもしれません。そうなると、これをどう機能させていくかということですが、おそらく資本主義は機能しなくなるでしょう。資本主義は資本の増殖が前提ですから、それができなくなった瞬間に終わりを迎えます。

日本経済の未来は、いち早くそういう状態になるかもしれません。まだ誰も経験したことがない状況ですから、現在の経済システムが永遠に続くだろうという発想の中で、期待感を描いていますよね。一つのシステムが限界を迎えても、それをバージョンアップした次の展開が来る。そう思われていますが、前のシステムを継続しない断絶を迎えるかもしれません。社会主義革命がまさにそうでしたし、その社会主義が崩壊して資本主義に変わるときも、継続ではなく断絶でした。

先ほど「物を買わない若者たち」の話がありましたが、そのような価値観や働き方、労働のあり方は、我々の世代との断絶を表しているのかもしれません。私たちオールド世代からすると理解できない価値観が生まれ始めている可能性もあります。いずれにしても、今後若い世代が考えていくことになると思いますが、そのときはもう我々オールド世代の出番はないでしょうね（笑）。

これからの働き方はどう変わっていくのか？

池上　「ポストコロナ」か「ウィズコロナ」かというお話がありましたが、状況を見るとどうもウィズコロナとなりそうですね。2回ワクチン注射を打っても、まだブレイクスルー感染する人がいるので、3回目のワクチン注射が取りざたされています。それでも時間がたつと抗体量は減ってきますから、毎年打たなければいけなくなるかもしれません。

的場　コロナとの共存は様々なことを変えていくでしょうね。たとえば、これまで年間14億～15億人の人々が世界を移動していましたが、コロナ感染の拡大によって激減しました。日本でも多くの人が海外旅行に行っていましたが、それはもうできなくなるかもしれません。

私の大学でも留学はズームによるオンライン留学になりました。コロナが収束するまでの一時的措置と思われていますが、もしかするとこの先もずっとズーム留学が続くかもしれません。実際に行くとなると、様々な予防接種を打ったり、隔離期間があったりなどのリスクを負うことになりますからね。

ただ、世界の移動ができなくなったことは悪いことばかりではありません。CO_2の排出削減やジェット燃料の使用量が減少したことにより、空気がきれいになったという報告もあるのです。こうした変化は一時的なものか、それとも恒久的なものになるのかわかりませんが、すべてが元に戻るということはないと思いますね。

池上　働き方も大きく変わってくるでしょうね。とくに若い世代の人たちにとっては、**「働き方」「働く意味」「働く目的」は、古い世代とは異なってくる**かもしれません。

的場　資本主義では、お金に還元されるものが労働とされています。ですが、先ほどマルクスの「労働過程」の話をしましたけれども、エッセンシャルワーカーのような存在は資本主義的には重要な労働とはみなされていません。賃金が低いからです。しかし、実際の彼らの仕事は社会的に意義のあるものですよね。そういう**意味のある労働をいかに理解し、誇りを持っていくかが大事**だと思います。

農民や工場労働者もこの世界を支えている仕事で、たいへんな肉体的疲労をともなう労働をしていますが、資本主義ではそうした意義が認められない傾向にあります。賃金が安い労働は価値が低いことになるからです。

しかし、ボランティアに集まる若い世代が増えているということは、そうした労働に対する価値観も変わりつつあるのだと思います。

池上　『ブルシット・ジョブ　クソどうでもいい仕事の理論』(デヴィッド・グレーバー著　岩波書店)という本がベストセラーになりました。ブルシット・ジョブとは、資本家に寄生する、なくても困らない仕事という意味です。要するに経営コンサルタントのような仕事を指しています。

こぎれいなオフィスで仕事をし、途轍《とてつ》もない高額な給料をもらい、クライアントに

「ちょっとここをこうしたら、もっと売り上げが伸びますよ」と提案を行う。高学歴の若者たちにとっては憧れの業界ですが、ふと「こんなことが何の役に立つのだろうか?」と疑問に思うようになるコンサルタントが少なからずいるようです。一部の資本家に寄生して、おこぼれで給料をもらっている。まさに「ブルシット」じゃないか。そう感じて、コンサルタントファームを辞めて、自ら起業したり、ボランティアをしたりする人がけっこういるのです。

的場　いまの社会では本来価値のある労働がブルシット・ジョブ扱いになっていますよね。なくてもいい価値のない労働が、高給でちゃんとした仕事のように捉えられている。

『資本論』の中では、流通産業の話が出てきます。コンサルタントや広告業がそうですが、流通産業(媒介産業)にはそれ自体あまり価値はないのに、いまは圧倒的に大きな収益をあげています。作ったものにお化粧をして宣伝して、いかにも価値があるように見せる。実際のところ価値があるかどうかはどうでもよく、「価値があるように見せる」ことが大切な仕事です。資本主義の中では、そのような仕事が重要なものとして扱われています。

池上　いまの若い世代の方々には、仕事ってなんだろう？　働く意味ってなんだろう？　高い給料をもらえればどんな仕事でもいいのか？　そういうことをしっかりと考え、自分なりの働き方を見つけてほしいですね。

こんな時代に、一介のビジネスパーソンが『資本論』を読む意義とは？

的場　16世紀の重商主義の時代は、お金が価値であると考えられてきました。そんな中、18世紀にアダム・スミスが登場し、「労働価値説」を説きました。人間の労働が価値を生み、労働が商品の価値を決めると主張し、重商主義の理論を180度転換したのです。

それから2世紀あまり、いま再び貨幣が価値であると考える人が出てきました。そういう人々が、資本主義を功利主義、個人主義へと導いていったのです。

アダム・スミスがいうように、本来私たちの社会は一般の人々が働く労働が価値を生むことによって成り立っています。働いた人が働いた分だけお金をもらい（ここに資本主義社会の困難があります)、社会を形成していれば、再生産はうまくいきます。ところが、誰かが富を独り占めすると再生産はうまくいかない。働いても満足な給料がもらえないというのは、労働の配分の仕方やシステムになんらかの問題があるということです。現在、拡大している格差はまさにここに問題があります。

こうした**資本主義のシステムや問題点を学ぶうえで、『資本論』ほど役立つものはありません。**ただ、内容を理解するのがむずかしいというのが難点なんですが……。

池上　だから、この本を読んでくださいということになるんです(笑)。

先ほどもお話ししましたが、今回のコロナ禍では、エッセンシャルワーカーの存在が注目されるようになりました。医療や福祉を支える人、物流や小売業、ライフラインで働く人々……まさにこういう人たちの存在によって、私たちの社会は成り立っているということを再認識したのが今回のコロナ騒動ですね。

そんな大事な存在なのに、給料が安いのはどういうわけだろう?　その疑問に答えてくれるのが『資本論』ではないかと思います。

かつて『資本論』は革命の書として読まれていました。資本家はいかに非人間的な存在か、資本主義を打倒して、新しい世の中を作っていこうと多くの人が考える時代もありました。

もちろん、いまでもそういう革命の書として『資本論』を読む人はいるでしょうが、現在は、別の読み方がされているのではないかと思います。

すなわち、**私たちが生きているのはどのような社会か。働くことにどんな意味、意義があるのか。そういうことを理解するために『資本論』が再注目されているのです。**

もちろん、資本主義のメカニズムを知ったからといって、一介のビジネスパーソンが社会や世の中を変えることはできないかもしれません。

それでも、**いまがどんな社会で、自分がどうしてこういう働き方をしているかを知るだけでも、自分の生き方について考えるきっかけになります。**自分が社会の中でどのような位置にいるのかを知るだけでも、とても価値のあることだと思いますね。

的場　アダム・スミスやデビッド・リカード（自由貿易を擁護する主張を唱えた）、マルクスの時代までは、経済学というのは社会の構造を知るための学問でした。ところが19世紀後半になってくると、自分にとってどれだけ役に立つか、価値があるかが働いても満足な給料がもらえないというのは、労働の配分の仕方やシステムに何らかの問題があるということです。現在、拡大している格差はまさにそこに問題があります。

こうした資本主義のシステムや問題点を学ぶうえで、『資本論』ほど役立つものはありません。

――的場

問われるようになり、どんどん個人主義的になっていきました。社会がどんな構造をしているか、どんな動きをしているかなんて関係ない。それより、どれだけ儲けが出るかが重要なんだということで、マクロ的なメカニズムを知ることよりも、ミクロ的な動きを追っていくことが主流になっていったのです。

しかし、社会を構成している大きなメカニズムを知るということはとても重要です。**社会の構造がわかってくると、その問題点が見えるようになり、問題点を解決することで、働き方や生き方も変わっていく**のです。そういう意味で、多くの若い世代の方々に『資本論』を読んでいただきたいですね。

ただひとついまの若い世代に物申すなら、たしかにボランティアなどに参加する人は増えていますが、経済や政治の問題に深入りすることについては若干主体性が欠けているように思います。社会の構造を知り、メカニズムを理解し、そのうえで何らかの行動を起こすことが必要なのではないでしょうか。そうでなければ、ただ生活を続けているだけになってしまいますから。

池上　たとえば、『資本論』を読んだ人は、自分が管理職になって部下を使うポジショ私たちが生きているのはどのような社会か。働くことにどんな意味、意義があるのか。そういうことを理解するために『資本論』が再注目されているのです。

（『資本論』を通じて）いまがどんな社会で、自分がどうしてこういう働き方をしているかを知るだけでも、自分の生き方について考えるきっかけになります。

——池上

ンになったとき、「ちょっと待てよ。ただこき使うだけでいいのかな」と考えるようになるかもしれません。それは働く環境をよりよいものにする第一歩となる可能性があります。

また、マルクスは『経済学・哲学草稿』の中で、労働疎外について述べています。人間が作ったもの――たとえば、機械、商品、貨幣、制度など――が作った人間から離れ、逆に人間を支配する力として現れ、人間があるべき自己の本質を見失っていく状態のことをいいます。

これは、まさに現在の資本主義社会が抱える問題点であり、その中で自分を見失ってしまっている人が大勢います。**『資本論』を読むことによって、社会全体、経済システム全体を俯瞰して見ることができるようになると、自分の働く意義や生きがいを取り戻せる**、あるいは自分探しにもつながっていくのではないでしょうか。

的場　『資本論』を読む最大のメリットは、**私たちが働いて生活しているこの世界をしっかりつかめるということ**です。世界をつかむのはひじょうにむずかしい。私たちは目に見える世界、現実の現象ばかり見て、本質をつかむ努力をしていません。

しかし、マルクスの『資本論』は本質をつかむことにすべてを注いでいます。だから、読みにくいんです。本質は抽象的ですから、なかなかつかむことができません。でも、ひとたびその尻尾でもつかまえると、そこから徐々に具体的なものが見えてきます。たとえば、利子は利潤だったのか、地代、つまり土地の借地料も実は利潤だったんだとわかるようになります。では、利潤はどこから生まれるのか。そうか、労働者からのピンハネなんだ。働く人がいないと利子も利潤も生まれないんだ、ということが見えてきます。

私たちのまわりにある商品は価値でできています。価値を体現する最大のものが労働であり、労働がなければこの世界は何も動きません。株で儲かるのも、銀行が投資で利益をあげるのも、結局は一人ひとりの労働の結果なのだということが理解できます。

そうした社会の仕組みを理解することで、自分の労働意義もわかりますし、社会のおかしな部分も見えてきます。『資本論』を読む意義というのは、まさにそのような社会分析ができるようになるということであり、そのような力はこれから資本主義のその先を作っていかなければならない若者たちに必要なものだと思います。

池上　読みづらい本を四苦八苦しながら読んでみるのは貴重な体験です。むずかしいことに取り組むことは頭の体操になりますし、的場先生のおっしゃるように、本質をつかむものの見方、本質をつかもうとする努力は、他のところでも応用が可能でしょう。外側から見ると、こう見えるけれど、本当にそうだろうか？　その本質はどこにあるのかと考える能力は、これからのビジネスパーソンにもぜひ身に付けてもらいたい。

大きな転換点を迎えようとしている現在、**不確実な世界を生き残り、よりよい社会を築いていくために、『資本論』は貴重な示唆を与えてくれる**に違いありません。

第1章

『資本論』は どうやって生まれた？

経済学を学んだことのない人でも、世界史の授業などでマルクスの名を耳にしたことのある人は多いはず。教科書的にいえば、マルクスは『資本論』や『共産党宣言』の著者であり、社会主義運動のカリスマ的存在。でも、マルクスはどんな人で、なぜカリスマになったのか、なぜ社会主義や共産主義を理想に掲げたのか、そもそも社会主義や共産主義ってなんなのか。そんな疑問を解消するために、まずはマルクス自身をクローズアップ！

ところで『資本論』ってどんな本？

いまなお読み継がれる『資本論』の誕生

２０２０年の年初から始まった新型コロナウイルスの世界的感染拡大は、当初の予測に反して、いっこうに収束の気配を見せない。そして、この新型コロナが、世界のある冷酷な現実を浮かび上がらせた。「格差」の問題だ。

ウイルスは人を選ばない。にもかかわらず、感染者も死亡者も低所得者層のほうが圧倒的に多い。リモートワークができない現場仕事、感染が広がりやすい生活環境、感染してもすぐに適切な医療を受けられない経済状況などが、感染率・致死率を高めている。

こういった深刻な格差や、世界的な異常気象を引き起こしている環境問題の根本原因はどこにあるのか。それは過度な競争を容認する資本主義にあるのではないか。そして、そ

★『資本論』第1巻の構成

第一篇　商品と貨幣
第一章　商品
第二章　交換過程
第三章　貨幣または商品流通

第二篇　貨幣の資本への転化
第四章　貨幣の資本への転化

第三篇　絶対的剰余価値の生産
第五章　労働過程と価値増殖過程
第六章　不変資本と可変資本
第七章　剰余価値率
第八章　労働日
第九章　剰余価値の率と剰余価値の量

第四篇　相対的剰余価値の生産
第一〇章　相対的剰余価値の概念
第一一章　協業
第一二章　分業と工場手工業
第一三章　機械装置と大工業

第五篇　絶対的剰余価値と相対的剰余価値の生産
第一四章　絶対的剰余価値と相対的剰余価値
第一五章　労働力の価格と剰余価値との量的変動
第一六章　剰余価値率の種々の表式

第六篇　労働賃金
第一七章　労働力の価値または価格の労働賃金への転化
第一八章　時間賃金
第一九章　出来高賃金
第二〇章　労働賃金の国民的差異

第七篇　資本の蓄積過程
第二一章　単純再生産
第二二章　剰余価値の資本への転化
第二三章　資本主義的蓄積の一般的法則
第二四章　いわゆる本源的蓄積
第二五章　近代植民理論

の資本主義というシステムがもはや限界に来ているのではないか――そんな時代の風潮もあって、カール・マルクスの『資本論』に注目が集まっている。実際、いま起きている諸問題を理解するうえで、『資本論』ほどその本質を的確にえぐり出している本はないだろう。

そこでまずは、その誕生の現場から見ていこう。

『資本論』は3巻構成になっている。1巻の出版が1867年、2巻が1885年、3巻(2巻本)が1894年。ちなみにマルクスは1883年、64歳のときにロンドンで亡くなった。つまりマルクス自身が出版まで面倒を見たのは1巻のみ。2巻、3巻は生前のマルクスが残した膨大なノートをもとにエンゲルスがまとめあげたのだ。

この作業が大変だった。というのもマルクスは十分な完成原稿を残しておらず、しかも字が「象形文字的筆跡」だったらしく、親友のエンゲルスでも読解に困難を極めた。それゆえ2巻、とりわけ3巻の出版までにそれだけの長い時間がかかったのだ。『資本論』は本当の意味で、マルクスとエンゲルスの協力でできた本というわけだ。

✿最先進国・イギリスで経済学とケンカした意味

『資本論』の副題が「経済学批判」とあるように、マルクスはここで、イギリスの経済学者を徹底的に批判した。出版当時、世界で最も資本主義が発展していたのは大英帝国だった。それと歩調をあわせてイギリスでは経済学が世界で最も進んでいた。マルクスはそこにヘーゲル仕込みの弁証法という武器をもって戦いを挑んだ。

歴史を動かす経済的物質条件は、手工業時代→工場制手工業時代→機械制大工業時代、と変化する。機械制大工業時代に入って本格的な資本主義ができたわけだが、イギリスの経済学者は資本主義だけで通用する経済法則を発見することには成功していた。が、そこに潜む矛盾と次の経済体制へと至る可能性を見ようとはしない。彼らは資本主義が永遠の経済制度だと考えていたからだ。

いっぽうマルクスは弁証法を用い、時代の移り変わりをあらわにする経済発展の科学法則を打ち立てようとした。資本主義が最も進んでいるイギリスを分析することで、次の経済体制——社会主義への可能性が見つけられる。後進国もイギリスがたどった運命をいずれ受け入れることになる。

マルクスはいう。「ここで報告しているのは君のことなのだよ！」と。

彼らはなによりも労働者に『資本論』を読んでほしかった。マルクスは、1章の商品の分析をのぞけば、難しいことを述べているつもりはなかった（実際にどうかは別にして）。マルクスはいう。「何か新しいことを学び、したがってまた、自分で考えようと志す読者を想定しているのである」。

02 現代思想の大巨人といわれているけど

『資本論』を書いたマルクスってどんな人？

ズバリ！『資本論』を書いた人

試しに「マルクス」で画像検索をして見てほしい。映画『ハリー・ポッター』に出てくるハグリッドそっくりなその人が、マルクスだ。彼の名前を聞いたことはあっても、その人となりについてくわしく知っている人は少ないかもしれない。

それもしかたないだろう。というのもこの人はある人にとっては「社会主義の父」であり、「人類の救世主」でもあるが、別の人にとっては「人類最大の悪魔」や「サタニスト（悪魔主義者）」だったりもする。経済学者としても「経済思想の地下世界からやってきた変人」（ケインズ）とも見なされる始末。いまだにこの人についての評価は二つに分かれる。

が、これだけは確かだ。マルクスとは『資本論』を書いた人だということ。マルクスは

氏名	カール・マルクス　Karl Marx
	1818年　5月　5日生　(男)・女
出身地	プロイセン（現ドイツ）トリーア市

自己アピール
全力を込めた『資本論』を読んでいただければ、私の能力や情熱、正義感など十分に伝わると思います。あんまり難しく書いたつもりはありませんが、知人には「難しい」とよくいわれます……。

年	月	学歴・職歴
1835	10	ボン大学入学。法律学を修める。
1841	3	ベルリン大学卒業。4月『デモクリトスとエピクロスとの自然哲学の差異』でイエナ大学から哲学博士の学位取得。
1842	10	『ライン新聞』主筆となる。11月ごろ、エンゲルスと初対面。
1843	10	結婚（6月）し、パリに転居。
1844	2	『独仏年誌』を発行。「ヘーゲル法哲学批判-序説」発表。
	春	このころから経済学の研究を開始。
1846	春	『ドイツ・イデオロギー』（エンゲルスと共著）を執筆（未刊行）。
1848	2	『共産党宣言』出版。
1849	8	ロンドンに転居。翌年8月より『ニューヨーク・デイリー・トリビューン』へ10年間寄稿。
1852	5	『ルイ・ボナパルトのブリュメール十八日』刊行。
1859	6	『経済学批判』第1巻刊行。
1867	9	『資本論』第1巻刊行。 1872年には露語訳、仏語訳（第一分冊）、87年には英語訳出版。
1883	3	ロンドンで逝去。
1885	6	エンゲルスにより『資本論』第2巻刊行。
1894	10	エンゲルスにより『資本論』第3巻刊行。

生涯のすべてをこの一冊に注ぎ込んだといってもけっして過言ではない。マルクスとはどんな人かを知りたければ、『資本論』を知るよりてっとり早い方法はない。

ドイツ、フランス、イギリスと移動

マルクスの人となりを考えるうえで最もわかりやすい説明は、「ドイツの哲学を、フランスの社会主義を、イギリスの経済学を体現した」というものだ（のちのレーニンは3つの源泉と呼んだ）。カール・マルクスは1818年5月5日、プロイセン（現ドイツ）のフランス国境に近いトリーアという街のユダヤ人一家に生まれた。父、ヒルシェルは弁護士で、カールが生まれる前年にプロテスタントに改宗していた。フランス風の自由な雰囲気のなかで育てられ、シェイクスピア、ダンテ、ソフォクレスなどをこよなく愛するロマンチックな文学少年だったという。

彼の文学気質はのちに奥さんになるイェニーのことを書いた手紙に見られる。「芸術もイェニーほどに美しくはない」。読んでいるこちらが恥ずかしくなってくる。のちに彼はイェニーに当てて『リートの本』『愛の本』（2冊）という詩集を贈っているほどだ。

1835年、17歳のマルクスはボン大学に入学、翌年ベルリン大学に転学し哲学者ヘーゲルに代表される弁証法哲学を学び始める。マルクスはヘーゲルを絶賛しつつ、批判的に乗り越えようとする。たとえば「弁証法は彼において頭で立っている」と批判しつつ、理論を逆転させ独自の唯物史観を生み出したのだ。とはいえ、マルクスはヘーゲルの正統な後継者だった。ある評者がいうには、マルクスは「経済学者になったヘーゲル」だという。

1843年、25歳でパリに移動。おもにジャーナリスト・革命家として活動する。そこで各国政府に目をつけられるほど社会や国家を批判する（その分、マルクスは行く先々で苦労する）。やがてフランスで追放命令が出されると、1845年27歳のときブリュッセルに亡命し、その後「一八四八年革命」とともにドイツに戻るが、1849年31歳のときにイギリスに亡命する。そして1883年に亡くなるまでの35年ほどはその地にとどまり、のちに『資本論』となる「経済学批判」の研究をずっと続けた。

盟友・支援者・編集者エンゲルスとの出会い

マルクスを語るうえでフリードリヒ・エンゲルスの存在は欠かせない。そもそも『資本論』は彼との共同制作でもある。

彼らは1842年に出会ったといわれている。以来、エンゲルスのマルクスに対する愛情はすさまじかった。マルクスの天才を信じた工場主の息子のエンゲルスは、金銭的な援助までして『資本論』の完成をひたすら待ち続けたのだ。

03 まずはドイツ時代を見てみよう

マルクスのここがすごい！①哲学者としての横顔

✿ヘーゲル哲学から弁証法を学ぶ

マルクスが大学でヘーゲル哲学に出会ったことは決定的に重要だ。のちの『資本論』にも垣間見えるのが、弁証法。これをザックリいうと、矛盾が乗り越えられて、新たなる段階に至ること、といえるだろう。マルクスのヘーゲルに対する態度は、ずっとアイマイだった。しかし少なくともマルクスの哲学の中心には、ヘーゲルから受け継いだ弁証法というものがあったことは間違いない。

✿独自の唯物史観をついに確立！

若いマルクスはドイツの著名な哲学者フォイエルバッハと対決する。きっかけは「唯物

★ 4つの国を渡り歩いたマルクスの軌跡

1818 年
マルクス誕生

1836 年～
ベルリン大学に転学、哲学を学ぶ

1843 年～
25 歳のとき、パリへ。おもにジャーナリスティックな活動にまい進

1845 年～
27歳のとき、ブリュッセルへ。革命活動に参加

1849～83 年
フランスを追われ、イギリスに亡命。おもに経済学の研究、および『資本論』の執筆を続けた

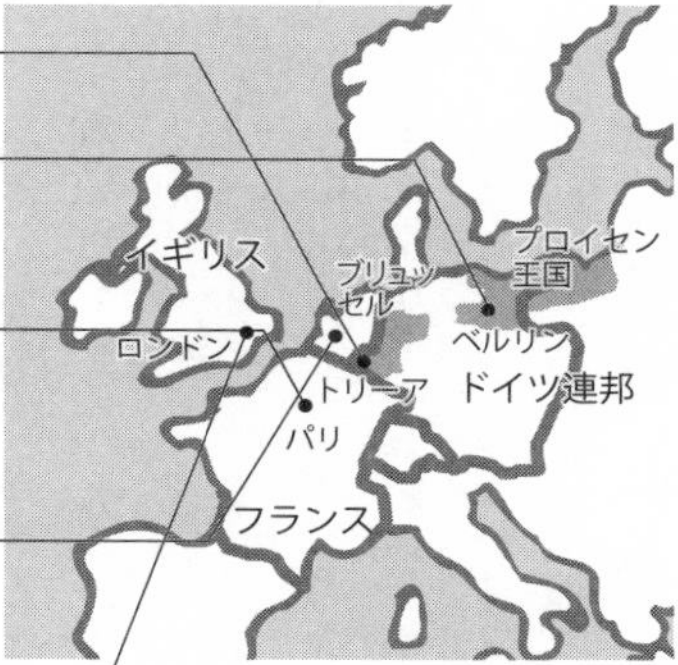

論」についてだ。唯物論とは、この世界のできごとを物質から説明しようとすることで、それ以前のすべてを神から説明しようとする神学に対する批判として出てきた。フォイエルバッハの唯物論は具体的な感性をもった人間を重視するところがポイント。

その点ではマルクスも影響を受けている。

マルクスは1845年『フォイエルバッハに関する11のテーゼ』というメモを書き、唯物史観を打ち立てた。フォイエルバッハの唯物論は静的で固定的だとされる。彼はそこに「歴史」という観点を付け加えた。人間がいる限り矛盾が起こり、それが乗り越えられ、新しい歴史が生まれる。だから歴史を唯物的に考えることは、社会に起こるダイナミックな動きを考えることになる。

社会主義者の本拠地フランスで大活躍！

マルクスのここがすごい！②革命家・ジャーナリストとしての横顔

国王でさえも恐れる批判、攻撃と影響力

社会批判家としてのマルクスの行動はドイツ時代の１８４２年、『ライン新聞』に記事を書くことからスタートする。マルクスの主張は、とにかく攻撃的だった。相手の急所をグサリとついている。敵にかぎらず、仲間にいたるまで、批判また批判で、敵をつくりまくる。それに比例して、彼の影響力は強くなる。

その結果、州知事は彼を訴えかけるし、ついには、ロシアの皇帝ニコライ１世までも敵に回してしまい、マルクスは１８４３年『ライン新聞』を辞め、パリに引越する。当時、フランスは社会主義者の本拠地だった。ここでは哲学的な議論よりは、実践的な活動がなにより重要だった。彼は敵をどんどん増やしていって、やがてブリュッセルに追放される。

★ マルクスの代表作レビュー

哲学関係の代表作	**革命**関係の代表作
「ユダヤ人問題によせて」「ヘーゲル法哲学批判序説」（1844年出版） マルクスのもつ「人間的解放」という思想を、封建的社会を引き合いに出しながら主張。『資本論』への道を明確にした。	**『共産党宣言』（1848年刊行）** 社会の歴史＝階級闘争の歴史とし、資本主義は世界化し、世界的規模で階級闘争が展開することを示した。
『ドイツ・イデオロギー』（1845-46年執筆） マルクスとエンゲルスの共著。惜しくも、未完。が、「唯物史観誕生の書」とも称されている。分業による歴史の発展を示した1冊。	**『ルイ・ボナパルトのブリュメール十八日』（1852年刊行）** フランスの第二共和政の後、ルイ・ボナパルトのクーデタが成功。独裁権力が国民の支持を得る。その権力掌握の経過を分析する。
『哲学の貧困』（1847年刊行） 『共産党宣言』と『経済学批判』の下地ともいえる1冊。フランスのプルードンの著作『貧困の哲学』の経済学を批判した。	**『フランスの内乱』（1871年刊行）** 史上初の労働者の政権、パリコミューンは、「血の1週間」を経て、悲惨な末路をたどる。マルクスは、この経過に独自の分析を加え、擁護している。

☼1848年の革命で労働者は救われなかった

1846年、マルクスはエンゲルスの協力を得て、共産主義通信委員会を設立しようとした。そして翌47年には委員会は共産主義者同盟のブリュッセル支部となる。その綱領として書いたものが、「あらゆる地域のプロレタリアートよ、団結せよ」が結びになっている『共産党宣言』だ。

この宣言が発表された同じ1848年、フランスの二月革命、ウィーンの三月革命、ベルリンの三月革命など各国で革命が起こる。マルクスはそれらの革命に期待したが裏切られる。さらに深く革命の可能性を探るなかで、経済学の研究に没頭していった。

05
ついに資本主義の総本山、イギリスへ!

マルクスのここがすごい!③経済学者としての横顔

20代前半から経済学研究は始まる

マルクスの経済学研究が本格化したのは、1849年にパリからロンドンに移ったのちのことだ。しかしマルクスの経済学研究はもっと前のドイツ時代までさかのぼる。

マルクス自身の言葉によれば、彼の経済学研究は1842年、『ライン新聞』で農業に関心をもっていた頃に始まる。またエンゲルスの論文「経済学批判大綱」とプルードンの『所有とは何か』の影響が大きい。1844年からエンゲルスとの交友が始まるが、そこで得られた知識や刺激をもとに、経済への関心を深めていった。

ロンドンで大英博物館に通いつめる

★ マルクス経済関係代表作

『経済学・哲学草稿』(1844年執筆)

若きマルクスは、その鋭い洞察力をもって、弱肉強食の資本主義社会に広がる「労働者の疎外」について言及した。労働者へ向けて、真の人間解放への道を示した1冊。

『賃労働と資本』(1849年刊行)

給料（労賃）とは何なのか？　どうやって決定されるのか？　それは労働者の再生産費である。給料の決まるメカニズム分析が凝縮。『新ライン新聞』にて掲載されるが、その後すぐ国外追放となる。

『経済学批判』(1859年刊行)

『資本論』『共産党宣言』と合わせて、マルクスの三大著作の一つといえる1冊。「価値」や「貨幣」といった抽象的な概念を、体系立てて述べている。貨幣論は最も充実している。

『賃銀・価格および利潤』(1865年執筆)

『資本論』の読解にも役立つ、マルクスの第1インターナショナル中央委員会での講演をまとめた本。ある委員が、賃金引き上げの無益さと、労働組合の有害さを主張するが、これに対するマルクスの猛反撃が見物だ。

ロンドンでは、1日8時間も大英博物館に通いつめて、経済研究を行った。マルクスは悩みに悩んでいた。テーマがでかすぎたのだ。しかも研究すればするほど新しい課題が見つかった。その間、大量の資料を読んでは膨大なメモを取り続けたのだが、なかなか執筆は進まなかった。

また革命家としての彼は、活動によってさらに原稿を書く時間がなくなっていく。体調も悪かったようだ。

そして文字どおり、身を削る思いで書き進めた原稿を、66年には清書できるようになっていたという。そこから1年。マルクス自身、苦しんで生んだ子どもをなめ回すように、自らの仕事に打ち込んだ。そうして完成したのが『資本論』である。

COLUMN

『資本論』読破のコツ

難しい・長い……でも、コツをつかめば読める!?

道に迷ったら目次に戻ろう

『資本論』を読破することは、いわばエベレストを制覇するようなもの。その挑戦には、道しるべとなる地図が欠かせない。『資本論』においては、目次がいわば地図というわけだ。

『資本論』のなかでは、話題はあちこちにそれる。それを追いかけていると、自分がいまどこにいるのかわからなくなることがある。そんなとき、現在読んでいるところの目次を見返そう。たとえば「第一篇　商品と貨幣　第三章　貨幣または商品流通　第三節　貨幣　b　支払手段」というタイトルを見返して、「ここでは商品流通における支払のことをいってるんだな～」と確認する。また、目次にはかならずその章や節のテーマとなるキーワードが使われている。キーワードを意識して集中的に目次を読むだけでも、全体の流れはだいたいわかる。

とにかく先に進むこと

マルクスの文体は回りくどいことと同時に、しつこいことも特徴だ。つまり重要なことはくり返し説明する。だから、とにかく進んでいけば、重要なことがさらにくわしく説明されていることが多い。「最初にこの説明しろよ」といいたいほどだ。

とくに注意すべきは第1章。最初のツカミのはずだから、ガッツリ読まなきゃ……と思うのは、つまずきのもと。実は、マルクス自身「第1章が一番難しい」といっているように、改訂のたびに加筆され、どんどんボリュームも難解さも増したのだ。それでも、気にせず進む。しばらく進むと「そういうことか！」とわかる瞬間がきっとくるはずだ。

第2章

明日を生きるための

『資本論』超入門 DAS KAPITAL

ここからは、いよいよマルクス畢生《ひっせい》の大著『資本論』の世界へみなさんをご案内。この章では、マルクス自身が執筆した『資本論』第1巻の全7篇25章の流れに沿って、各パートの核をぎゅっと凝縮している。マルクスが解き明かした資本主義社会のしくみ、労働者を苦しめる問題点、資本主義の限界などなどは、まさに現代の私たちを取り巻く世界の解説でもある。『資本論』には、現代を生きるうえでの多くのヒントがちりばめられているのだ。

01

そもそも商品の「価値」ってどうやって決まるの？

「使用価値」と「交換価値」の違い

マルクスは、資本主義社会を分析するにあたって、商品から始める。

商品は使う人にとってなんらかの有用性が必要だ。チョコレートは胃の腑を満たし、ライターはタバコに火をつける。これは役立つという使用価値があるということだ。

商品は単に役立つだけではなく、ほかの人がほしがらなければならない。ライター生産者はチョコレートが食べたいが、自分で作るのは大変。だから本来自分が労働しなければ手に入らないものを、自分が作るモノと交換する。ライター3本とチョコ1枚を交換したならば、そのチョコは、自分がライター3本を作る労働と等しい価値をもつということだ。

このように、ほかの商品との交換関係に表れるのが、交換価値。つまり商品には使用価値

★ 使用価値と交換価値の違い

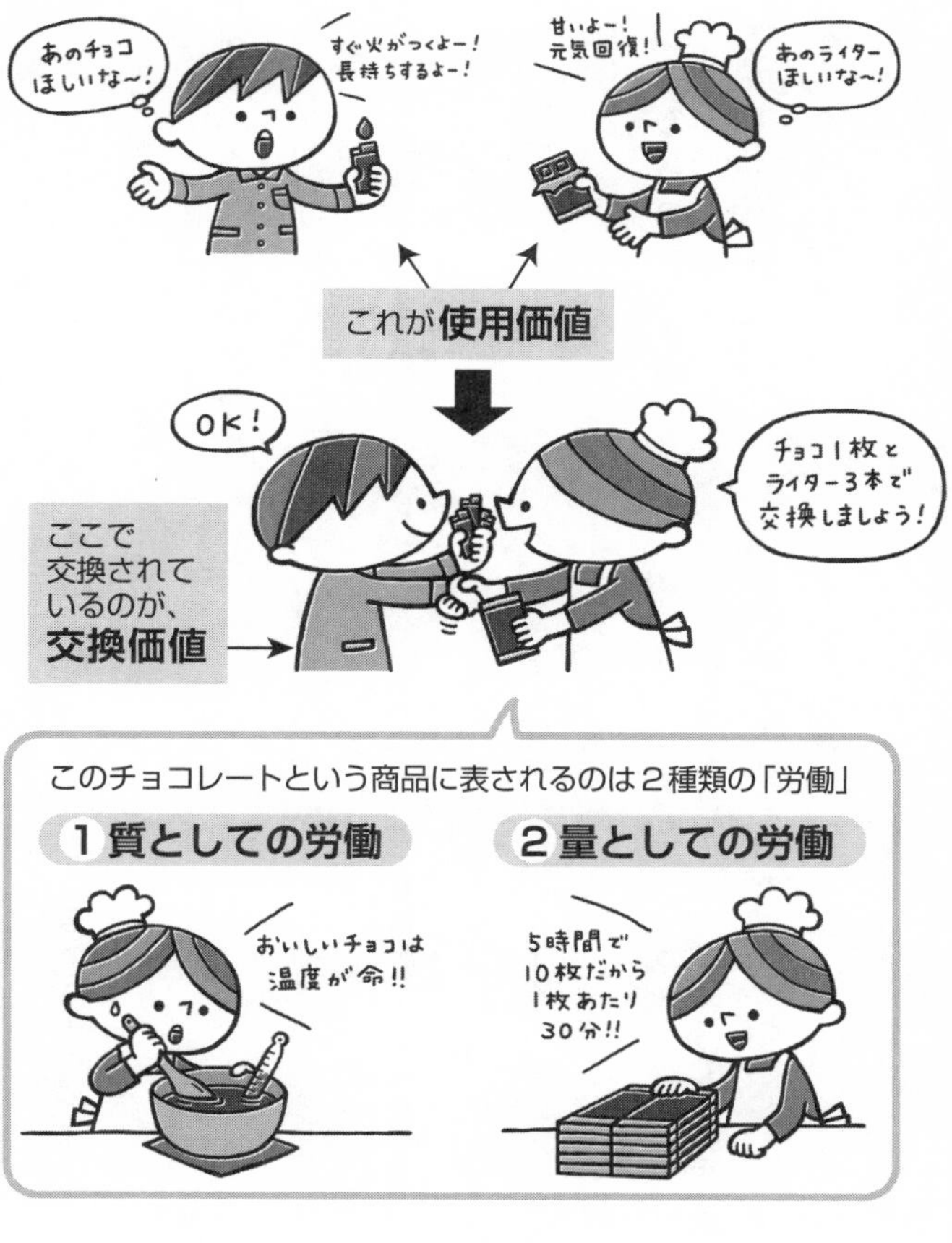

と交換価値がある。

使用価値では商品の質が、交換価値では量が問題になる。この二つの価値を計る尺度が違うことが、大変重要なポイントになる。

✿交換価値を決めるのは労働の量

この2種類の商品の価値を生み出す人間の労働にも、実は二つの種類があるとマルクスはいう。

> 商品の価値は
> 人間労働そのものを、
> すなわち人間労働一般の
> 支出を表わしている。

で、その二つとは要するに「質としての労働」と「量としての労働」だといえる。たとえば、ライターとチョコレートを作る労働はそもそも質が違う。ライターにはライター製造の特殊な技術があり、お菓子にはお菓子を作る特殊な技術が必要なのだから。

しかし、それら質の違う労働にも共通するものがある。その共通のものさしが、量としての労働だ。

ここでいう量としての労働とは、どんな仕

事かはさておき、人が汗水たらして働くことそのもの、といえよう。その労働は時間、つまり量によって計られ、例でいうと1枚のチョコレートを作るには、1本のライターを作るときの3倍の労働時間が必要だということになる。

マルクスは個人の差をならした、「平均的な労働力」を基準にしている。ただし、その〝平均〟は科学技術の進歩の度合いなど、社会の状況によって変わってくるものとした（社会的平均労働）。汗水たらして働くことこそが、商品の価値を決める。そしてこの抽象的な価値をめぐって、『資本論』は延々と考察していくのだ。

上級編

『資本論』用語まめ辞典

■使用価値

人間の欲求を満たす、なんらかの実用的な価値。たとえば空気や水も、人間の生存を支えるという使用価値がある。

■交換価値

ある商品が別の商品と交換される比率によって表される価値のかたち。この比率は量で表され、たとえば3本100円のライターの1本は、1枚100円のチョコレートの3分の1しか交換価値がないことになる。

■社会的平均労働

科学技術の水準など、ある社会に特有の条件のもとで、ある生産物を作るために必要になる一般的な労働。同じものを作るにも、条件の変更により、その社会で必要な労働の量が変わる。

02

第1篇 商品と貨幣
第1章 商品②

商品の価値はどうして「お金」で表されるようになった？

☼価値はほかの商品との関係に表れる

マルクスにとって、商品は「神秘的」であり、不思議でしかたがなかった。なかでも最も「？」なのが、その価値について。その不思議さは、たとえば「お母さん」という存在に似ている。あなたのお母さんは、あなたがいなければお母さんではない（あなたは一人っ子だと考えてね）。固有名詞をもった○子さんであるだけだ。しかしあなたとの関係のなかで「お母さん」になる。同様に商品も、単なる生産物だったものがほかの生産物との関係のなかで価値をもち、商品になる。これを商品生産関係という。

具体的にいうと、商品の価値は別の商品の価値で表されるということ。ウシ1頭は米3俵と同じ値打ちだ、というように、商品の価値は、ほかの商品と比べたときにしか確認で

★ 価値はくらべないとわからない

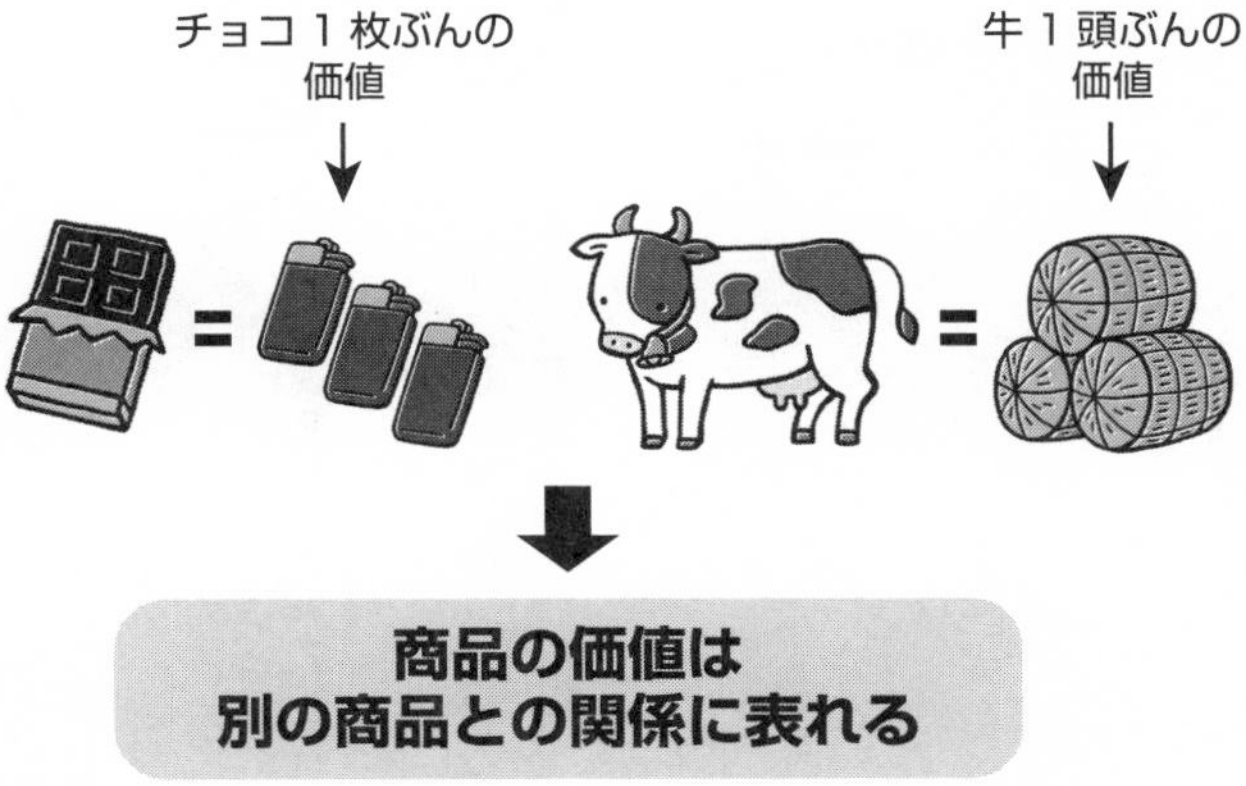
チョコ１枚ぶんの
価値
牛１頭ぶんの
価値
商品の価値は
別の商品との関係に表れる

★ 商品が商品になるのは「売れた瞬間」

売れる前
売れた瞬間
売れたあと
100
このときライターは
単に「使用価値」
このときだけ
生産物が商品となる
ライターは単に
役立つものになる

きない。これはちょっと乱暴にいえば、売られるために作られるものが商品だということだ。売れる、ということは、ある商品を同じ価値のお金と交換すること。そしてお金も商品の一つだ。

☼商品はもともとそこにあるのではない！

ただしマルクスは、商品の価値は商品同士の交換で結果的に生じるものだという。つまり商品は売れるために作られなければ商品じゃないということだ。

ある人は米を1000円で売り、そのお金で薬を買う。これは米生産者が薬生産者と、お金を介して商品を交換したことになる。売れることを目的としない米や薬は商品じゃない。売れることを目的としなければ「価値」がないことになるのだから。

米を作る労働と薬を作る労働はぜんぜん中身が違う。質の違う労働だ。が、商品として並んだとき、その異なる労働に共通する要素があることになる。それが人が汗水たらして

> 彼らは、その各種の生産物を、相互に交換において価値として等しいと置くことによって、そのちがった労働を、相互に人間労働として等しいと置くのである。

働いた労働、ということで、その労働の量（時間）が価値を生んだことになる。

商品として売られる生産物には、あらかじめ社会的な平均労働が含まれている。そしてお金は、その社会において、ある商品を作るために必要になる労働の量をズバリ表す。

まとめよう。商品交換には、その価値＝量としての労働＝お金、という三位一体の関係が生じる。しかし、それを作り出すのが商品関係であり、それこそが謎なのだ。

ちなみにマルクスは、人が商品の使用価値より値段ぶんの価値＝お金のほうに興味を示すことを、「物神礼拝（フェティシズム）だ」といっている。

上級編

『資本論』用語まめ辞典

■**相対的価値形態**

ほかの商品とくらべた価値のこと。商品はそれ自体でみずからの価値を表すことができない。別の商品（お金に限らない）で価値を表示する。

■**等価形態**

相対的価値形態を表す、価値のかたち。商品A＝商品Bだとして、商品Aの相対的価値形態を表すのが商品Bで、このとき商品Bは等価形態というかたちをとっている。この一般的なものがお金。

■**貨幣形態**

要はお金。等価形態の最も進んだかたち。本来、価値の表示には、お金を使わなくてもよい。百円ショップの商品は同じ値段であることで、たがいにそれぞれの価値を表示しあう、等価形態だといえる。

03 お金は商品と一緒に生まれる双子の兄弟？

☼もしも、お金がなかったとしたら…

マルクスの話をもとに、物々交換が行われるシチュエーションを考えてみよう。

ライター生産者はチョコレートがほしい。街を歩き回って、チョコ生産者を探す。ようやく見つかったので、交渉スタート。はじめはライター1本から。チョコ生産者は話にならない、という。甘くないようだ。では2本。納得しない。ということでようやく、ライター3本とチョコ1枚を取り換えっこした。

チョコはライター3本の値打ちがあったということだが、このとき、ライターがお金とほとんど同じ役割（等価形態）を果たしていることがわかる。

商品の価値はそれと交換される商品の量で表される。チョコの価値（相対的価値形態）

★ 商品の２つの価値は交換の現場で現れる

★ 金属がお金にふさわしい３つの理由

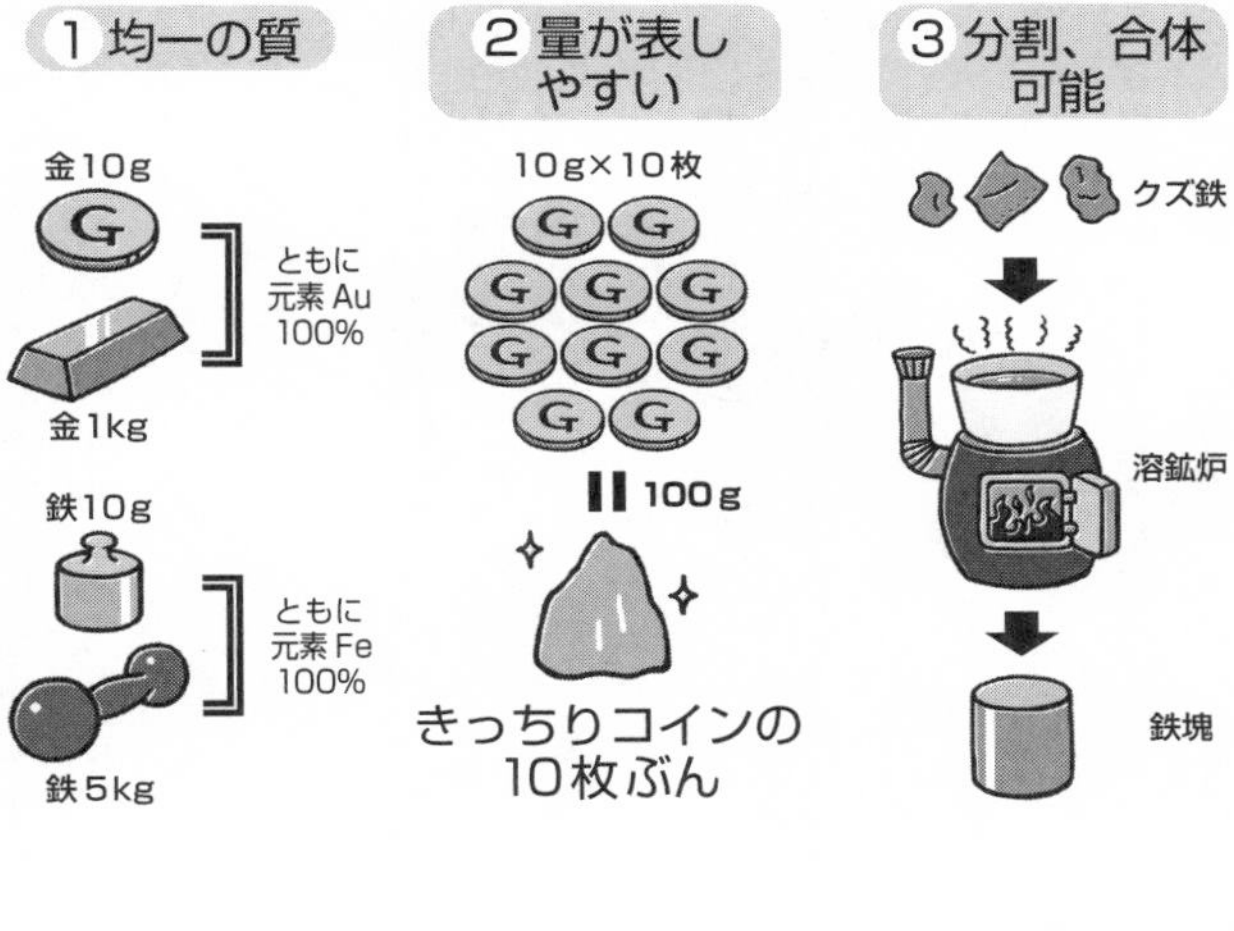

は、ライターの使用価値（等価形態）で表現される（チョコ生産者がほしいのはライターの使用価値だから）。ということで商品交換の現場では、一つの商品にあるとされる二つの価値（使用価値と交換価値）が、二つの商品に分割されて表される。

☼「あれっ!?　金属ってお金にいいじゃん！」

このように、商品の価値を表す等価形態は、絶対にお金じゃないとダメだというわけではない。が、とマルクスはいう。結局はある商品が必然的にお金になるのだ、と。

> 困難は、貨幣が商品であるのを理解することよりも、商品は、いかにして、なぜに、何によって、貨幣であるかを理解することにある。

先の例をもう一度見直してみよう。普通に考えてメンドーだよね。ライター生産者が次に、ライターをコップやボールペンと交換したとしよう。交換した価値はライターの売上金にあたる。彼は次に何かほしいとき、あらためてコップをほしがる人を探し、また別のときはボールペンをほしがる人を探さなくてはならない。そうした人がいなければコップやボールペンにはなんの価値もない。

なんか、商品の価値を一般的に表すものは

ないのか？　また、どの商品に対しても交換できるものはないのか？

マルクスは続ける。「金と銀はほんらい貨幣ではないが、貨幣はほんらい金と銀である」

なぜ金と銀など金属がいいか？　理由としてマルクスが挙げたのは、①大小にかかわらず均一の質、②量が表しやすい、③分割、合体しやすい、の3点。

以上のように、商品の発展にはかならずお金の出現がともなう。つまり商品とお金は、商品生産社会という親をもつ双子の兄弟だともいえるだろう。

このお金が、やがて資本になる。

上級編

『資本論』用語まめ辞典

■商品所有者

商品を自分のもち物としている人。お金も商品の一つなので、お金を使って買ったり、売ったりすることも商品所有者同士の商品交換だ。商品交換において商品所有者はおたがい対等にフェアに取引する（等価交換）。したがって労働力を売る労働者とそれを買う資本家は、市場においては対等の関係であるはずだ。

■共同体

一定の価値観を共有した集団。共同体内部では商品交換が発生しない。マルクスは、商品交換は共同体と別の共同体が接するところに始まる、という。つまり、共同体の余剰生産物を交換する所で初めて商品交換が生まれるというわけだ。

04 ところで「お金」っていったい何モノ？

商品は2度生まれ変わる

お金の役割は、商品の価値を表すこと。つまり、商品にどのくらい人の労働が加わっているかを量で示してくれる。もう一つの役割は、価値の表示によって、商品の売買が便利になることだ。市場でのお金の役割を見てみよう。ライター3本は100円で売れた。その生産者はその売れた代金100円でチョコレート1枚を買う。この流れは、いい換えれば商品A→お金→商品B、と表すことができる。商品は同じ値打ちのお金に変身し、のちにそのお金が別の商品に変身するのだ。

いったいこれの、何がいいのか？　最大のメリットは、売りと買いを時間的に、または場所的に分けることができることだ。

★ お金を使うメリット

★ お金の価値と商品の値段、労働量との関係

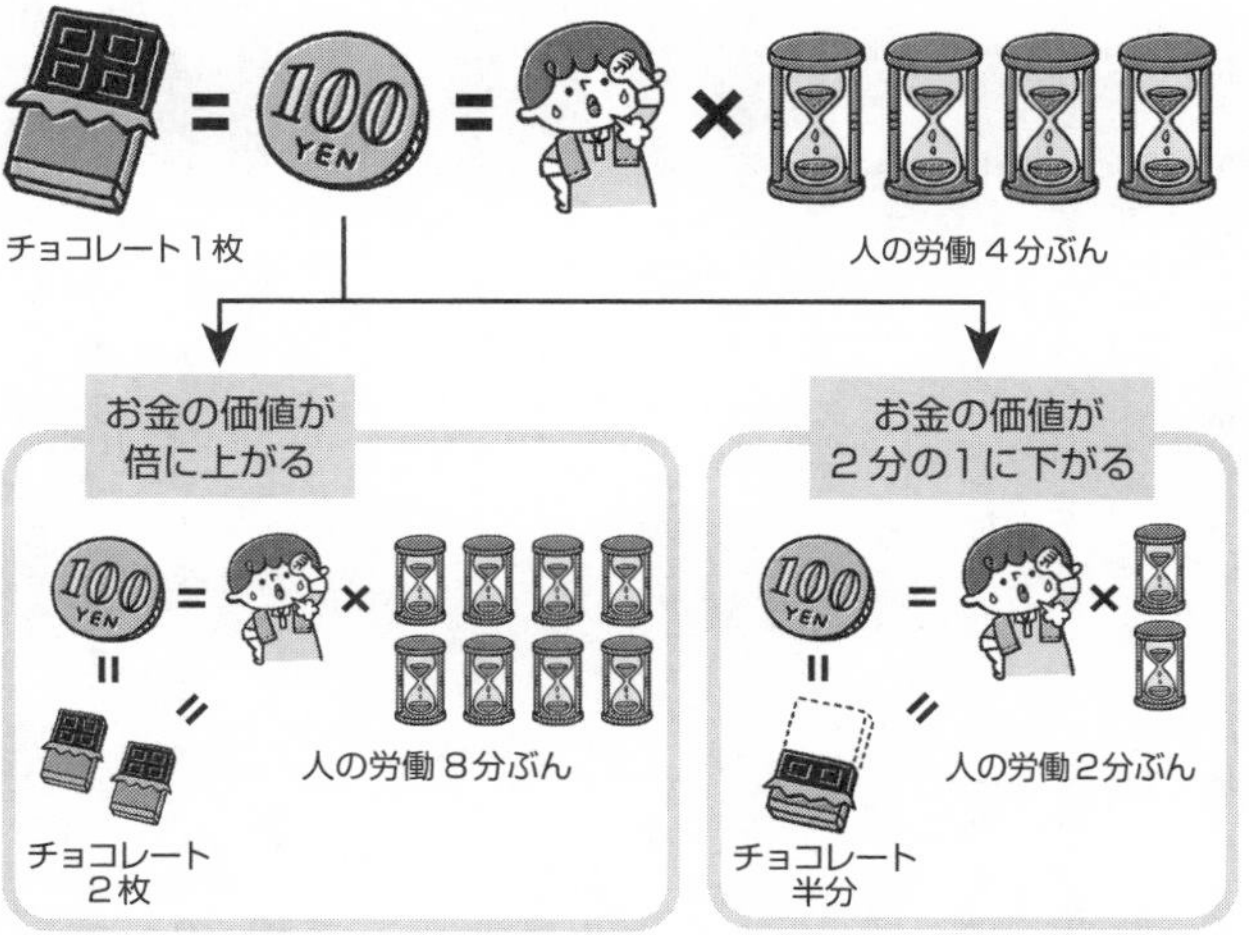

お金を使わない物々交換の場合をちょっと思い出してみよう。ライター生産者はチョコレートがほしければ、同じくライターをほしがるチョコ生産者と出会わなければならない。が、お金を使うとあら便利。ライター生産者は誰でもいいからライターを売って100円を手に入れる。その代金でいつでもチョコを買える。チョコ生産者がその日その場所にいる必要はない。

✿やがてお金は値段(価格)だけを示すようになる

マルクスは、お金と価格を違った意味で使っている。商品の価値はお金で表されるとしても、それがいくらの価格になるかは、また別問題なのだ。お金も商品であり、価格が変わる。たとえばお金の価値が半分になるとすると、いままで100円だったチョコレートは200円のお金と交換されないと割りにあわない。逆にお金の価値が倍になったとすると、チョコの値段は50円になる。社会全体でも同じで、お金の価値が下落→物価の上昇＝

流通は、
生産物交換の時間的、
場所的および
個人的な限界をうち破る。

インフレ、お金の価値が上昇↓物価の下落＝デフレとなる。

また、マルクスは商品の価値は「頭の中での観念的なお金」で表される、という（価値尺度）。これは、お金がかならずしも、具体的な金属、つまり金や銀でなくてもよい、ということだ。ある商品の価値は、お金の量で示される。だからお金は本来その量だけが示されればいい。やがて実際に一定量の価値を表す金の代わりとなるお札が生まれる。そして現代では、金と交換できないお札（不換紙幣）が使われているが、なんの不都合もない。これはお金がもともと観念的に人の労働量を示すだけのものだったからだ。

上級編

『資本論』用語まめ辞典

■価格

「貨幣」はあらゆる商品の価値を表すために使うもの。貨幣は金であるが、実際の流通ではかならずしも金属でなくてもよい。対して「価格」は一定量の価値の大きさを表す具体的な金属の重さの量。価格は価値から分離することもある。

■鋳貨《ちゅうか》

流通の過程で実際に使われるコインのこと。つまり具体的に量で価値を表すお金で、金属の重さを表す。鋳貨は使われることによってすり減ってくる。となると、そのコインに書かれた金属量（＝重さ）と実際の重さにズレが生じてくる。こうしたことから価値の量を表すだけのお金＝紙幣（価値章標）が生まれてくる。

「お金」はどこで「資本」に変わる？

資本の出所はいったいどこ？

資本とはお金を生むお金だ。つまり増殖するお金。その出所を求めて、マルクスは次に商品の売買を分析する。そのプロセスとは、商品A→お金→商品B。つまり「買うために売ること」だ。ここではある価値の商品がお金に変身し（売り）、お金が同じ価値の商品に変身する（買い）。商品Aと商品Bは姿こそ違えど、価値は同じ。

この過程をちょっと変えれば資本が姿を現す。

お金→商品A→お金＋α。これは「売るために買うこと」だ。たとえば100円でライター3本を買い、それを110円で売る。あら不思議、お金が増えた。これが資本だ。

これ、サギじゃないの？　と思う人もいるかもしれない。マルクスはすでに「商品の交

★ 資本は「売るために買うこと」から生まれる

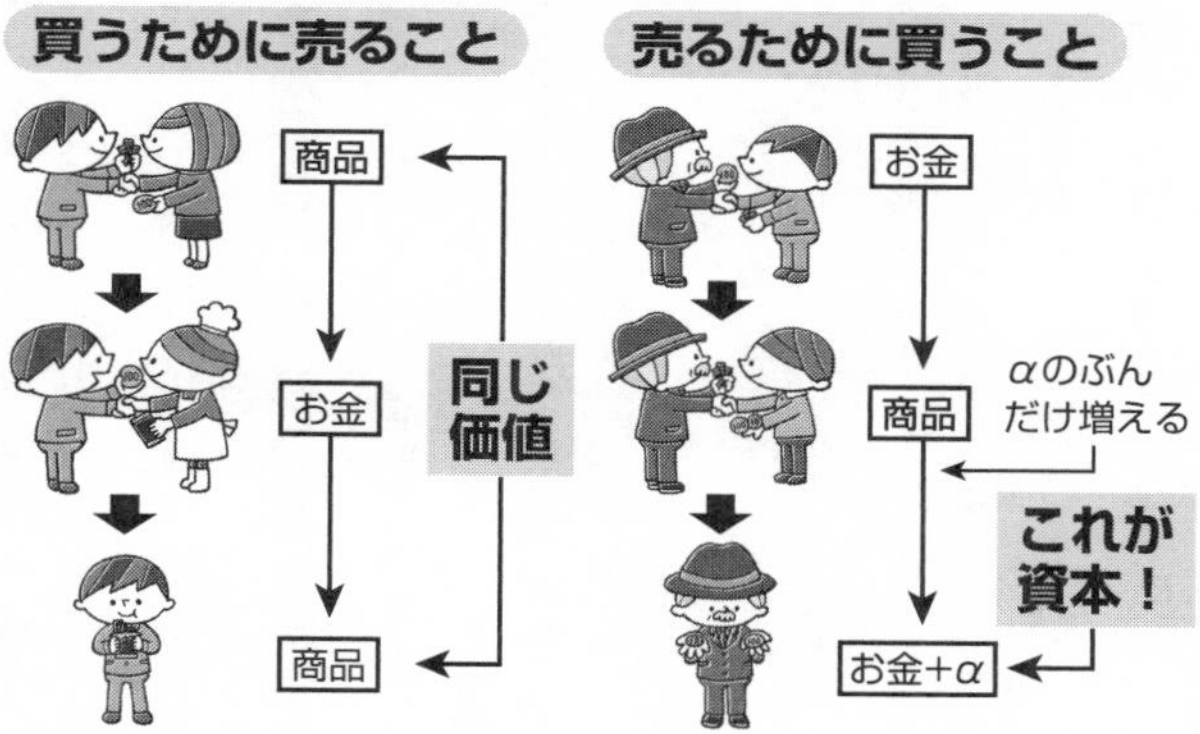

★ 資本主義社会では、生活費（再生産費）が労働力の価値を決める

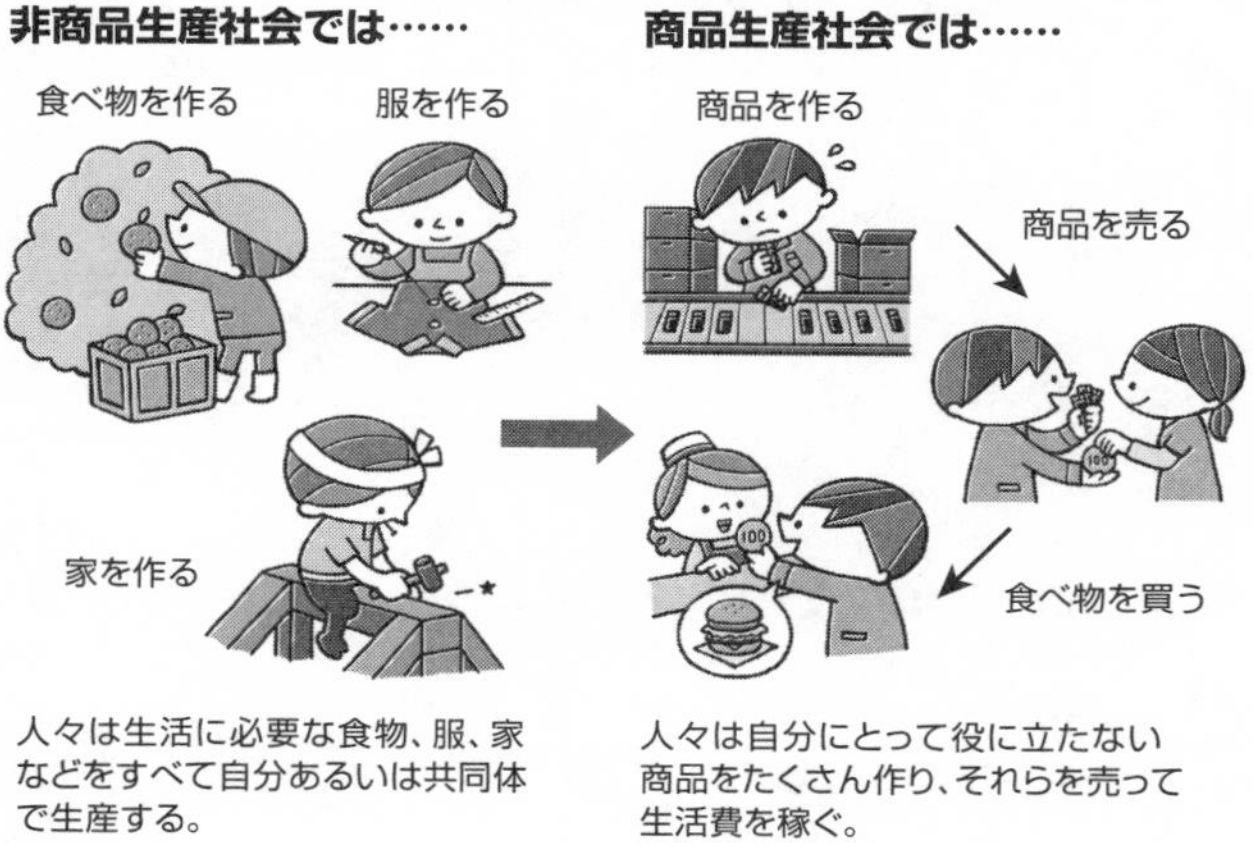

人々は生活に必要な食物、服、家などをすべて自分あるいは共同体で生産する。

人々は自分にとって役に立たない商品をたくさん作り、それらを売って生活費を稼ぐ。

換（売買）は同じ価値のもの同士を取り換えること」（等価交換）だと指摘していたはずだ。

では、なぜお金が増えるのか？　マルクスはいう。資本は市場の外で生まれる。そう、商品をつくる現場、すなわち、商品を生産する工場だ。

労働者が雇われることが資本誕生の秘密

資本は、「労働能力」という特殊な商品をもつ売り手が市場で資本家と出会い、売買契約を結ぶことから生まれる。つまり労働者が雇われることだ。

労働者とは、労働能力以外売る商品がない売り手をいう。ハンバーガー店の労働者は、どれだけ多くのハンバーガーを売っても、その売上げでお金を稼いでいるのではない。彼は、ハンバーガーを作ったり売ったりする労働能力を雇い主に売ってお金を得ている。つまりマルクスがいう労働者とは、いまでいうごく普通のサラリーマン（賃労働者）のことだ。

> 資本は、生産手段および
> 生活手段の所有者が、
> 自由なる労働者を、
> 彼の労働力の売り手として
> 市場に見出すところに
> おいてのみ成立する。

この労働能力という特殊な商品にも、使用価値と交換価値がある。ただしこの場合の使用価値はちょっと特殊で、価値を生み出す機能のことである。
そして労働能力の価値は、ほかの商品と同じく売られる価値で決まる。その交換価値とは、彼の働く能力を維持するために、適度に食う、寝る、学ぶ、遊ぶことに必要な額を意味する。非商品生産社会では、衣食住を満たす生産物を労働者みずからが生産するのだが、商品生産社会（とりわけ資本主義社会）では、労働で稼いだお金でそれらをまかなう。生活費（再生産費）は、1カ月15万円などとお金がかかる。この生活費が働く能力の価値を決める。つまり、生活費にいくらかかるかでその人の労働力の値打ちが決まるのだ。

上級編

『資本論』用語まめ辞典

■ 労働力

人間が頭脳と筋肉を使い、モノを役立つものに変化させる力。労働力と労働が異なることに注意しよう。労働者が売るのは労働ではなく、労働力である。

■ 生活手段（再生産）

食べ物、衣服、住居、冷暖房など、労働者が継続的に労働力の価値を維持するために必要なもの。商品社会である資本主義体制では、労働者は特定商品を生産することで、生活手段を作り出す。その必要量は社会の歴史的な発展段階によってある程度決まっているとマルクスはいう。したがって社会的平均労働力の価値も社会によって決定づけられている。

「プラスαの価値」が生まれるしくみって？

量としての労働がプラスαの価値を生み出す

労働能力という商品の特殊性を解明したマルクスは、次に資本発生のカギとなる「プラスαの価値」と労働の関係の分析を始める。

使用価値を生み出す質としての労働は、人類発生以来ずっと変わっていない。米を作る、チーズを作る、ライターを作る――これらはすべて人間にとって役立つものを作っているわけだ。

が、量としての価値を生み出す労働は商品生産に特有の労働だ。労働の具体的な内容ではなく量としての労働を見れば、抽象的な量としての労働が残る。そしてこの労働が資本家に管理されるとき、「プラスαの価値」を生み出す源泉となる。

★「プラスαの値打ち」が生まれるしくみ

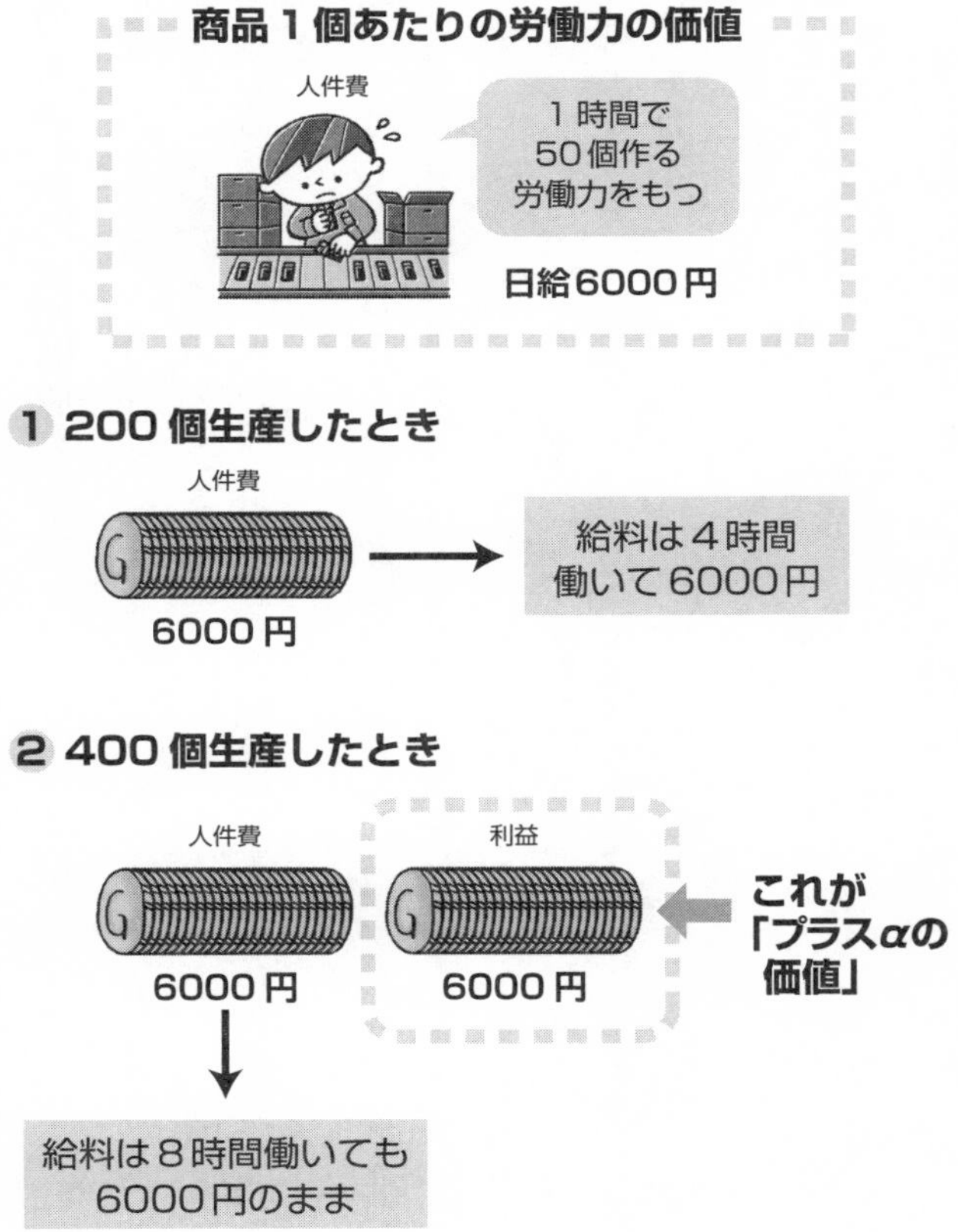

✿労働能力の価値とその使用価値との差

労働者は労働能力を売る。それは、たとえば労働能力の維持費が1日6000円として、その値段でライター工場に雇われるとする。

たしかに労働力の価値は6000円だが、労働力の使用価値は6000円ではない。当然それ以上に働いているのだ。

マルクスが、プラスαの価値の源泉を労働力に見ているのは、労働能力という商品は、交換価値よりも使用価値のほうが大きくなるという特殊な商品だからだ。

> 労働力の価値と、労働過程における
> その価値増殖とは、
> 二つの異なる
> 大いさである。

さっきの例でいうと、彼は1日6000円で雇われていて、8時間働くことができる。ただし8時間働いたとしても、その賃金が8時間分に対して払われているのではないということである。

むしろ6000円は4時間分の生活手段の額であり、さらに働いた4時間分が支払われていないのだ。

この差額こそ価値増殖の秘密である。

要するに労働力の価値とは、働いた時間すべてを意味するのではなく、再生産の費用を意味するだけなのだ。

このことはとりわけ重要だ。通常労働者は労働すべての代価を労賃と考えるからである。ところが、労賃は売り渡した労働の代価ではなく、労働者の再生産費で決定されているのである。

上級編

『資本論』用語まめ辞典

■剰余価値
貨幣は、資本として投資され、労働力、生産手段を購入する。そして結果として投資した以上を獲得する。それが剰余価値である。この剰余価値は、生産手段からではなく、労働力の使用価値と交換価値の差額から生まれる。

■労働対象
人間にとって役立つもので、自然にあるもの。水や魚、自然に生えているくだものなど。労働によってこれらに手を加えて商品になる。

■労働手段
労働に役立つ道具。米生産者にとっての鍬《くわ》、漁師の網、事務員のパソコンなど。

07 機械や原材料は、商品の「価値」に影響しないの？

原材料などの価値は労働を通じて生産物に移転されるのみ

ところで、資本主義社会での商品の生産には労働だけでなく、材料や機械が重要になってくる。そこでマルクスは次に資本の内訳の解明に取り組む。商品の材料や機械は、資本家がほかの資本家から購入する。つまり、材料や機械もまた商品なのだ。

商品生産における労働にある二つの種類の一つ、質としての労働は、この原材料や機械のもつ価値を、彼が作る商品に移し替える。たとえば材料費に6000円かかったとすれば、新しい商品には、6000円が移動する。

しかし、機械などは長持ちする。その場合、その機械の価値は一度に移転するのではなく、徐々に移転する。

★ 投資から商品完成までのプロセス

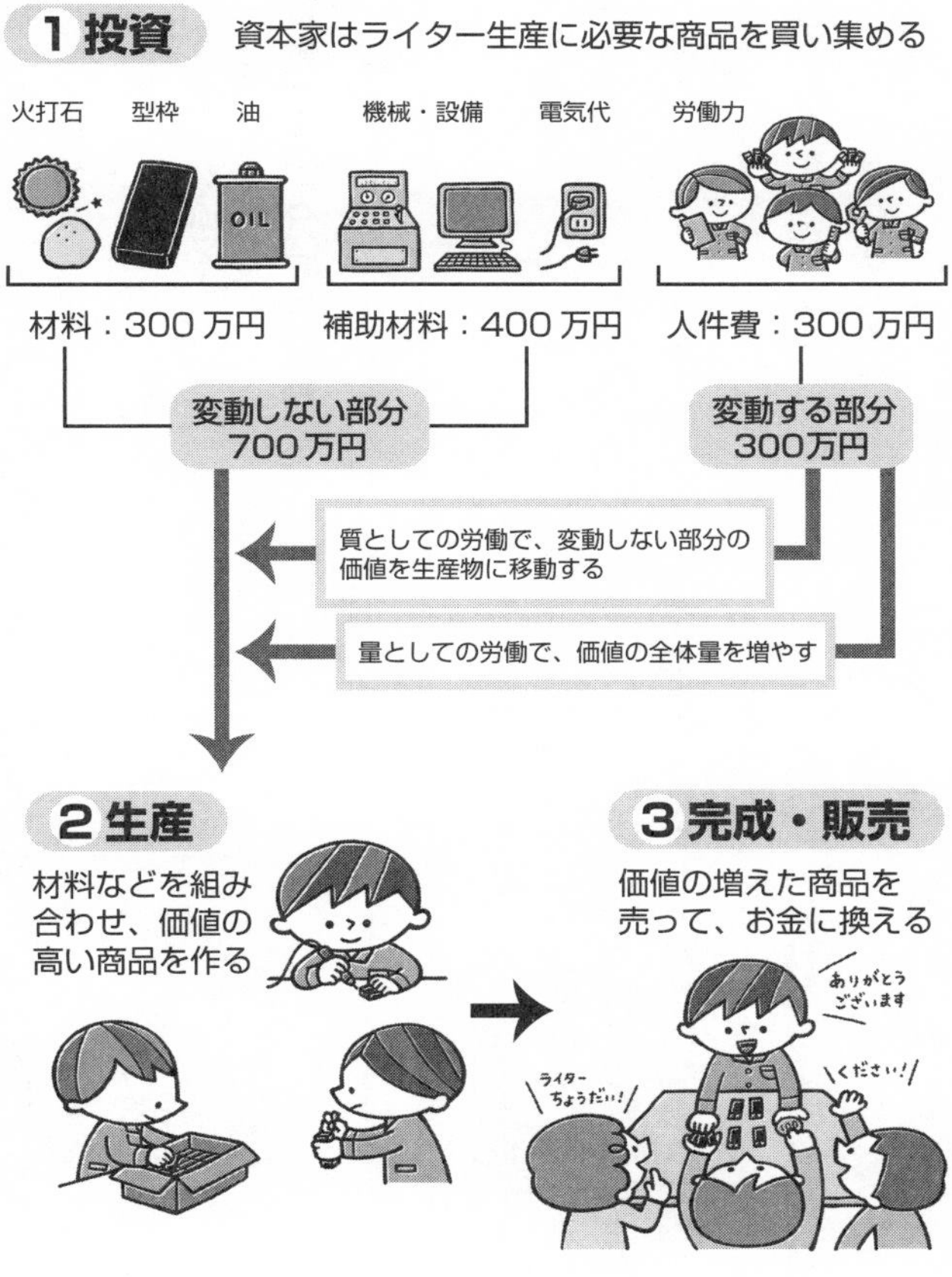

1 投資
資本家はライター生産に必要な商品を買い集める
火打石
型枠
油
OIL
機械・設備
電気代
労働力
材料：300 万円
補助材料：400 万円
人件費：300 万円
変動しない部分
700万円
変動する部分
300万円
質としての労働で、変動しない部分の価値を生産物に移動する
量としての労働で、価値の全体量を増やす
2 生産
材料などを組み合わせ、価値の高い商品を作る
3 完成・販売
価値の増えた商品を売って、お金に換える
ありがとうございます
ライターちょうだい!
ください!

これは減価償却《げんかしょうきゃく》の考え方だと思えばいいだろう。税金の計算では、機械や設備ごとに、経験的に役立つ期間が決められており、たとえばパソコンは4年間もつとされている。パソコンが10万円だったとすれば、10万円÷（365日×4年）で、1日約68・5円の価値が使われていることになるわけだ。

資本の「変動する部分」と「変動しない部分」

資本家は、商品を作るのに、ザックリいって、①材料、②電気代などの補助材料、③設備費、④人件費、に投資する。材料と補助材料、設備費の価値は、もともと商品であり、その価値がこれから作る商品に移動するだけだ。いっぽう人件費で買う労働者の能力は、価値を生み出すという特殊な働きがある。つまり価値を増やすことができるのだ。これがプラスαの価値の源になることは前の項目で話したとおり。

マルクスは、材料費や補助材料の資本の価

> 労働の単に量的な付加によって、
> 新たな価値が付け加えられ、
> 付け加えられた
> 労働の質によって、
> 生産手段のもとの価値が
> 生産物において保存される。

値を「変動しない部分」（不変資本）、人件費を「変動する部分」（可変資本）としている。

資本家はライター生産で、材料費300万円、設備費などに400万円、人件費300万円、投資したとする。このうち材料費＋設備費の700万円は不変資本部分、人件費の300万円が可変資本部分というわけだ。

この区分けはのちに、プラスαの価値が生まれるプロセスを説明するのにとても大事になってくる。

上級編

『資本論』用語まめ辞典

■原料

労働対象のうち、生産物の材料になるもので、自然にあるものではなく、人の手が加わっているもの。魚そのものではなく、魚の干物など。

■補助材料

機械や道具などを動かすために必要な材料。マルクスの例では、蒸気機関を動かす石炭、車輪に注す油、ウマに与える干し草など。

■生産手段

生産には材料と道具が必要。マルクスは材料を労働対象といい、道具や機械などを労働手段という。そして労働対象と労働手段をあわせて生産手段という。

生産手段に労働が加わって商品が生まれる。

労働者はいったいどれくらいピンハネされている？

☼プラスαの価値÷資本の変動する部分

資本家は100円ライター生産で、1日に400個の商品を作り、全部売れたとする（売上げ4万円）。投資額は設備費や材料費に1万2000円。光熱費に1万6000円、人件費に6000円で合計3万4000円。利潤を6000円とする。

このとき、労働者の日給は6000円である。

この場合、設備費や材料費と光熱費は価値が移転するだけの不変資本部分にあたる。労働者の技術（質としての労働）で、その価値をライターへ移動させるためのものだ。その額、2万8000円。

そして人件費、すなわち労賃部分は新たに生み出された価値部分で6000円。プラス

★ 正しい「ピンハネ比率」の求め方

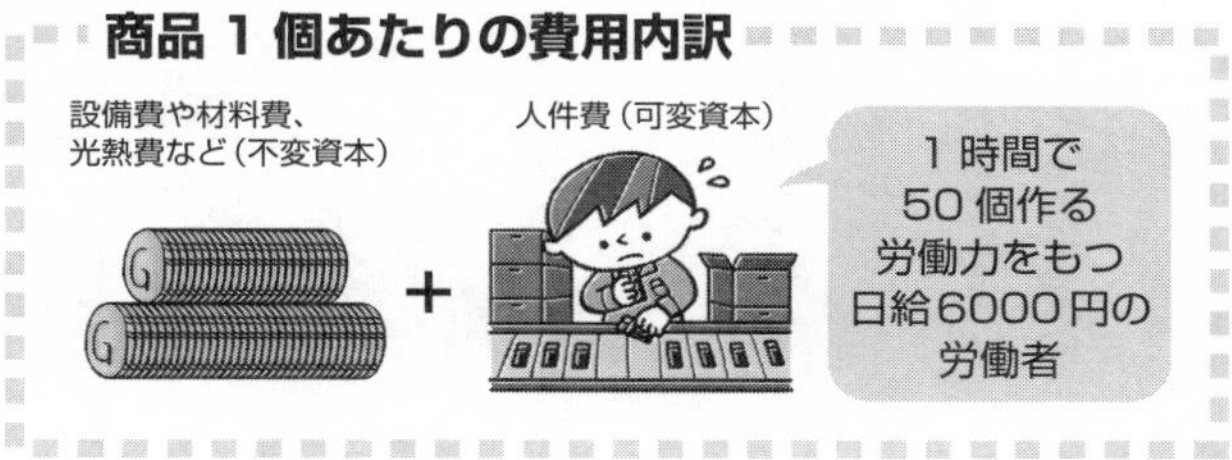
商品 1 個あたりの費用内訳
設備費や材料費、
光熱費など（不変資本）
人件費（可変資本）
＋
1 時間で
50 個作る
労働力をもつ
日給 6000 円の
労働者

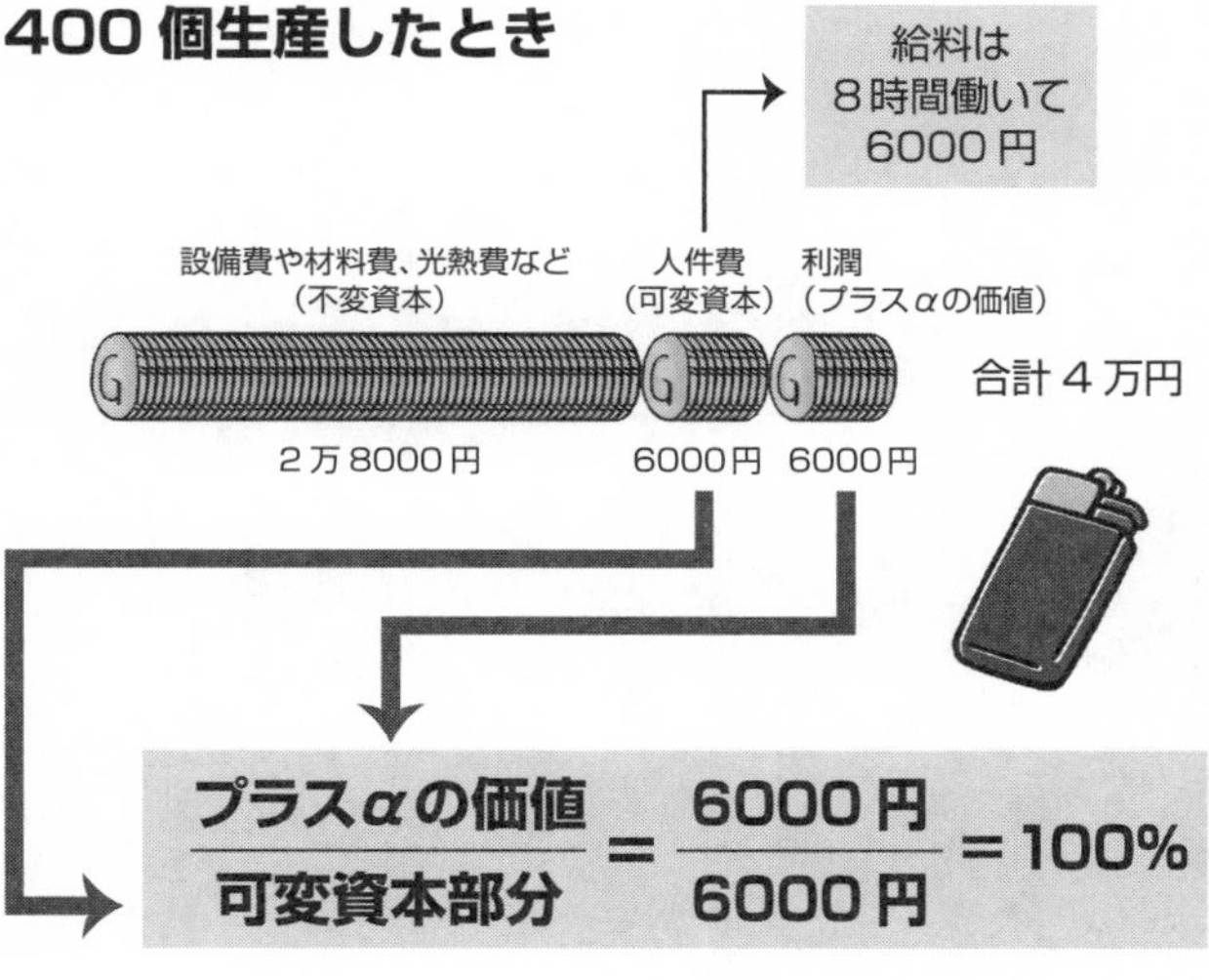
400 個生産したとき
給料は
8 時間働いて
6000 円
設備費や材料費、光熱費など
（不変資本）
人件費
（可変資本）
利潤
（プラスαの価値）
合計 4 万円
2 万 8000 円
6000 円
6000 円
プラスαの価値 / 可変資本部分 = 6000 円 / 6000 円 = 100%

αの価値（剰余価値）が6000円。この生産現場で生み出された価値は実質、この二つだけだ。そしてその二つとも労働力が生み出したものである。

しかし、労働者に支払われるのは6000円である。6000円ピンハネされている。ピンハネ率（剰余価値率）は、6000円÷6000円の、100%となる。

このケースで労働者が働いていた時間は8時間。となると、はじめの4時間で彼は、自分の給料分の価値を生み出し、残り4時間でプラスαの価値を生み出したことになる。

☼利潤率とピンハネ率は別問題

> その比例量、すなわち可変資本が増殖した比率は、明らかに剰余価値の可変資本に対する比率によって、規定されている。

その結果を見た資本家はいう。「俺が投資したのは3万4000円で利潤が6000円なんだから、ピンハネ率は利潤÷投資額で17・6%だろ？」と。

これに対し、それは単なる利潤率ですよ、とマルクスはいう。設備費や材料費、電気代の価値はこの工場の労働者が生み出したものではない。火打石は火打石工場で価値が付けられた。電気代も同じ。ライター工場の労働者は、もともと材料にあった価値を移動させただけだ。だからこれらの不変資本部分はピンハネと関係がないので無視してよい。

マルクスが問題にしているのは、労働者がどれだけの価値を生み出し、そのどれくらいを資本家がくすねているかだ。資本家が労働者に払っているのは、彼の人件費（日給6000円）だけ。それを元手に、プラスαの価値をどれくらい生み出すのかだけを問題にしているのだ。利潤率で考えると、労働者がピンハネされている率は非常に低く見える。先の例でいうと本来100％のものが17・6％に見える。しかし、実際は100％なのである。

上級編

『資本論』用語まめ辞典

■必要労働

労働者の労働のうち、彼の労働力を再生産するのに必要な労働のこと。労働量は時間で計られるので、必要労働に割いた時間を必要労働時間という。

これは、労働者が生きるために「必要」な労働である。

■剰余労働

必要労働以上に支出した労働のこと。それにあてた時間が剰余労働時間という。いうまでもなくこれが剰余価値のもとであり、価値ではなく価格で見た場合には利潤という。

なぜ労働者はピンハネされ続けてしまうのか？

資本家いわく、だって儲かるんだもん

左図のA～Cは1日の労働時間を示す。A～Bの必要労働時間とは、労働者が給料分の価値を生み出すのに必要な労働時間をいう。これが4時間だとする。①では1日7時間働き、3時間分のプラスαの価値、つまり剰余価値を生み出した。②では1日9時間で5時間分、③では1日12時間で8時間分の剰余価値を生み出した。そりゃ資本家は労働時間、長くするよね。どんどん儲かるのだから。これを絶対的剰余価値の生産という。

はたして資本家が悪いのか？

労働者は雇われる際に彼の働く能力（労働力）を売る契約をした。労働者の受け取る賃

★ 労働時間はプラスαの労働時間によって延長される

1
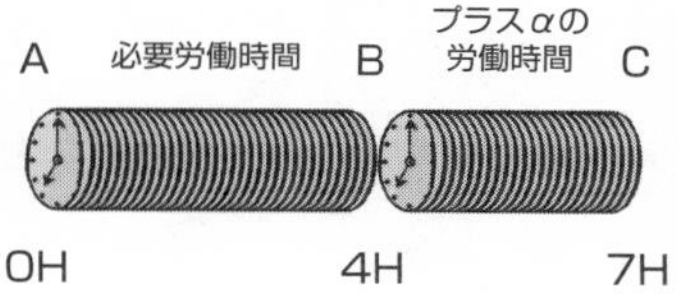

2
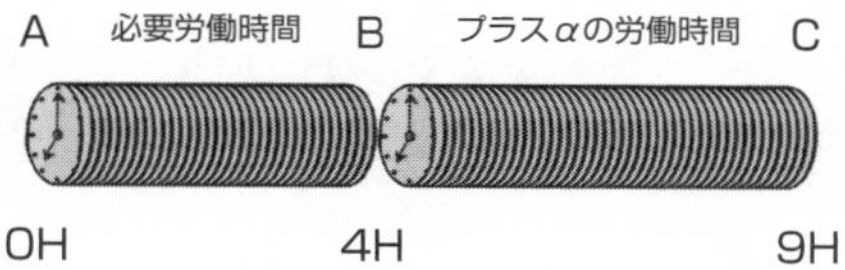

3
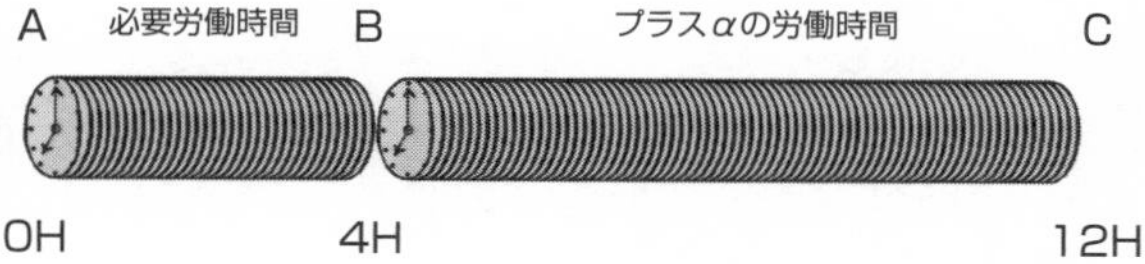

1日の労働時間は、A-Cの長さで表す。
B-Cの長さが長ければ長いほど、多くの価値を資本家にもたらす。

金は、労働者が生み出すすべての価値に見える。しかし、その価値は、資本家が能力に対して支払った価値よりも大きい。この労働力という特殊な商品そのものに資本家がピンハネできる謎があるのだ。

雇用契約を結ぶとき、資本家がズルをしているわけではない。どちらも条件を出し合い、公平に契約を結んでいる。そこに何の嘘もまやかしもない。

しかし問題は労働力という商品そのもののもつ矛盾だ。

労働者が売った労働力は、買い手である資本家のもの。これはほかの商品と同じ。ライターを買った人が、それをトンカチに使っても何も悪いことはない。資本家はただ、自分が買ったもの、つまり労働者の労働力の価値を最大限に引き出そうとする。そのことが労働時間のハンパない延長を引き起こすわけだ。

> 労働日は、
> 毎日まる二四時間から、
> それなくしては労働力が
> 絶対に再度の用をなさなくなる
> 僅かな休息時間を、
> 差し引いたものである。

労働者VS資本家仁義なき階級闘争

マルクスは、19世紀当時、最先進国だった大英帝国の労働地獄絵巻を渾身の筆力でえんえんと描き出す。それは1日12時間どころか、

16時間労働というレベルだ。凄惨さは、6歳くらいの子どもや女性労働者のレポートに極まる。「同等な権利と権利とのあいだでは、力がことを決する」とマルクスはいう。当然、労働者も黙っちゃいない。資本家階級と労働者階級の階級闘争の幕開けだ。やがて、イギリスでは女性や子どもの労働時間をある程度規制する工場法が成立し、一定の歯止めがかかる。ただし皮肉なことに、そのことが現代にもある意味通じる、さらに厳しい状況へと労働者を追い込むことになる……。

上級編

『資本論』用語まめ辞典

■奴隷

労働力を商品とするのではなく、労働者そのものの身体が商品となっていること。

■徭役《ようえき》労働

封建時代において領主のために強制的義務として雇われること。つまり領主に使われるタダ働き。これはマルクスのいう搾取ではなく、権力の支配のもとで行われる収奪だ。

■工場法

工場労働者の労働条件を守る一連の法律で、イギリスでは1802年から始まり、33年、44年と改正。18歳未満の労働者の夜間労働の禁止や工場監督官による監視などが定められた。マルクスは『資本論』に工場監督官の報告を多数引用している。

10

第3篇　絶対的剰余価値の生産
第9章　剰余価値の率と剰余価値の量

資本家が儲ける量を増やすには？

☼でかいことはいいことだ！

プラスαの剰余価値についての分析を続けたマルクスは、一つの式にたどりつく（左ページ参照）。これは投資された資本によって生まれるプラスαの剰余価値の量を求めるものだ。

資本家はとにかく儲けたい。この式から、より多くの剰余価値を搾り取るには、①労働者の数を増やすこと、②ピンハネ率（剰余価値率）を高めること、の二つの方法があるのがわかる。

たとえば剰余価値が50％に減少したとする。つまり、労働時間が8時間から6時間に減り、剰余労働時間が2時間、必要労働時間が4時間になったとする。そうなると剰余労働を大きくするには、労働者の数を増やすしかないことになる。

★ 資本家がピンハネする量を求める式

$$\text{ピンハネした量} = \text{1労働者の給料} \times \frac{\text{プラス}\alpha\text{の労働時間}}{\text{必要労働時間}} \times \text{労働者の数}$$

剰余価値率

たとえば、労働者の日給が 6000円、必要労働時間が４時間、プラスαの剰余価値の労働時間が４時間（すなわちピンハネ比率 100%）、労働者が 100人とすると……

$$6000\text{円} \times \frac{4\text{時間}}{4\text{時間}} \times 100\text{人}$$

ということで……

こんなハズじゃないのに……
給料分しっかり働けー!!
もうけをどんどん増やすぞ!!

ピンハネ量は１日、

60万円

もちろん労働者の数を増やせば、生産手段の量を増やさねばならなくなるので、剰余価値以上に出費が増えることになる。

図の例でいうと、6時間労働だとピンハネ率は2時間÷4時間で、50％に減る。資本家は労働者を3倍にして300人雇うことにした。すると、利益は90万円に増える。400人だと120万円だ。これは人が多ければ多いほど、より儲かるということになる。

✿でかけりゃいいってもんじゃない！

93ページで述べた、「可変資本」と「不変資本」を思い出そう。可変資本はいわゆる人件費、不変資本は設備費、材料費、補助材料を表す。

資本規模が大きくなると、資本が増大する。つまり大量の原材料や莫大な額の機械・設備などに含まれる価値が増えるにともなって、大量の労働者が必要になってくる。いわば巨大な生産手段を維持するために労働者の数を増やさねばならなくなる。

「たんなる量的変化が、ある一定の点で質的差異に転化する」

こうして、まるで機械が価値を生み出しているような錯覚が生まれるのだ。

実はここまで話してきた資本主義は、まだ牧歌的といえるかもしれない。なぜならただ労働時間を延長するか、労働者の数を増やすだけだから。

本当の意味で現代の私たちにナマナマしく見えてくるのは、これ以降にマルクスが描き出す姿なのだ。

上級編

『資本論』用語まめ辞典

■絶対的限界

必要労働時間が決まっているのに対し、剰余労働時間はいくらでも延長可能だ。しかし、1日の労働時間をどれだけ延ばしても24時間以上にはできない。それが資本にとっての絶対的限界である。また労働者に労働力を再生産する適度な時間を与えないで酷使すれば、労働力の消耗が激しく、労働者の命は短くなる。

11

第4篇　相対的剰余価値の生産
第10章　相対的剰余価値の概念

もっと賢く「プラスαの価値」を増やすには？

☼効率アップでさらなるプラスαを！

プラスαの価値を労働者からしぼりとる方法は、1日の労働時間をとにかく長くすること（絶対的剰余価値の生産という）。

が、工場法などが成立すると、労働者を馬車馬のように（実際は馬以上だったのだけれど）長時間働かせることは難しくなる。

そこで、1日8時間労働が義務づけられたとしよう。そうすると剰余価値率を引き上げるには労働を強化するしかなくなる。

だから資本家はこういう。

「効率を上げなさい」

★ 生産性を上げてピンハネ量を増やすプロセス

1 通常の8時間労働の場合

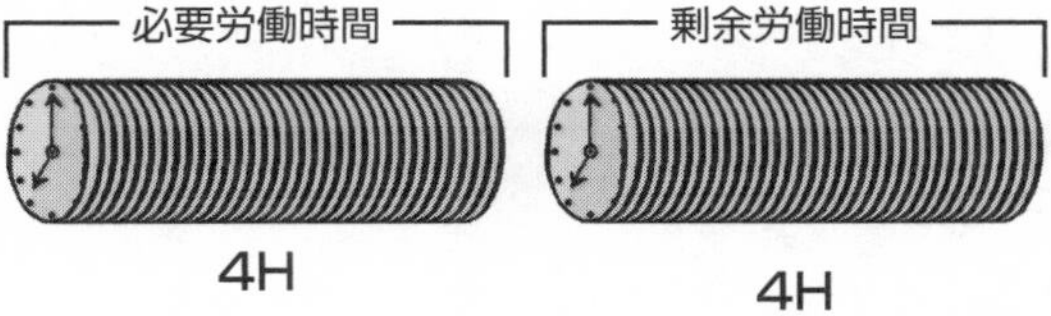

2 機械を導入して労働を強化した場合

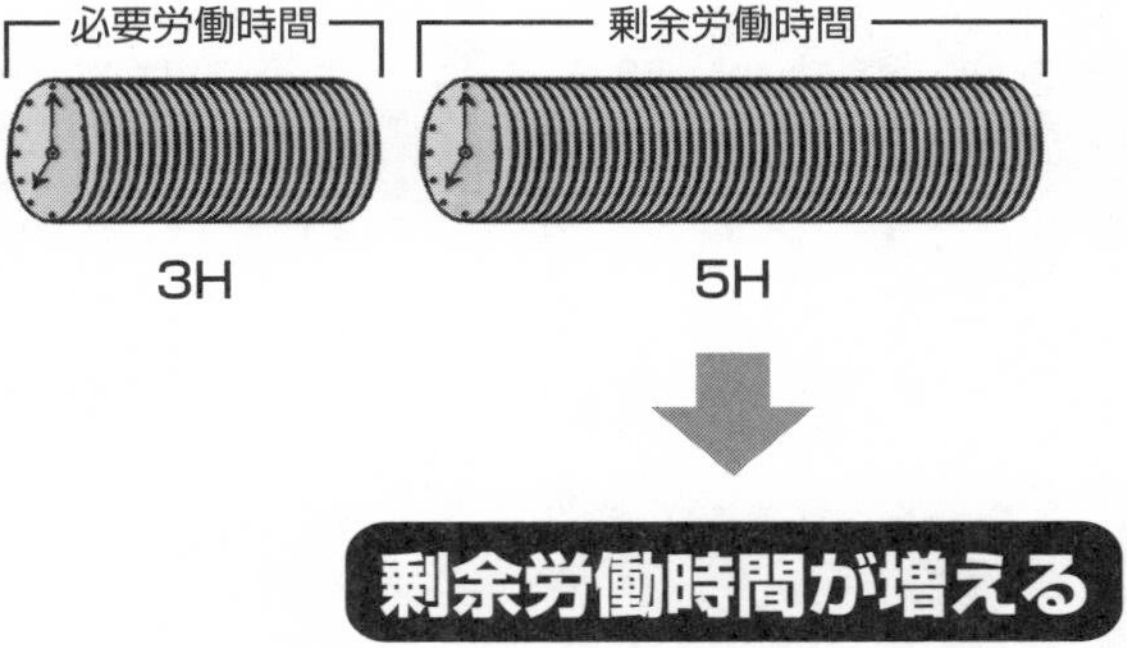

すると、以前にくらべて労働時間は減るが、効率アップにより、生産能力は高まる。その結果、必要労働時間は減少し、逆にプラスαの剰余価値は増大する。

しかし、必要労働の割合の減少は、労働者に支払われる賃金の時間が短くなることを意味する。それは労働者の再生産に要する費用が、生産量の増大によって、少ない時間で可能となったからである。

労働強化によって剰余価値を引き上げること、これを相対的剰余価値の生産という。

✿生産性を強化して商品の値段を下げ、売上げを伸ばす

> 商品の価値は、
> 労働の生産力に反比例する。
> (中略)これに反して、
> 相対的剰余価値は、
> 労働の生産力に正比例する。

相対的剰余価値の生産が高まるのは、単に労働時間の限界があるからではない。

資本はつねに競争にさらされているので、他の企業との競争という点から見て生産力を上げねばならない。

生産力を上げるには、生産性の高い新しい機械を導入する必要がある。こうして他の企業の利潤を奪うべく、新しい機械を導入する

ことになる。この奪うべき利潤を超過利潤という。

他の資本に対して超過の利潤を得るために生産力を増大させることが、機械の導入、結果として労働強化となって現れ、必要労働時間が短くなり、剰余価値、利潤が大きくなるのである。

もちろん、こうした超過利潤の優越も、他の企業が新しい機械を導入することで終わる。

上級編

『資本論』用語まめ辞典

■生産力

一定時間でどれだけ多く生産できるかを決める力。労働者の熟練度、設備、分業システムの発展具合、社会全体のインフラ整備など総合的な要因で左右される。したがって労働者の熟練度が低くても、機械の性能がよければ生産力は高くなる。

■絶対的剰余価値

労働時間の延長によって生まれる剰余価値。必要労働量が一定であれば、1日の労働時間を延ばせば延ばすほどこの量は増えていく。

■相対的剰余価値

労働強化によって生まれる剰余価値。生産性を高めることによって必要労働時間を短くすることで、相対的に剰余労働時間が長くなる。

労働の歴史①
まずは労働者を一つの場所に集めるべし！

☼労働者が増えると何がいいの？

生産力が上がるとピンハネ率が上がる、という結論を導き出したマルクスは、その実例を求めて資本主義における労働の歴史をたどり始める。

生産力の上昇に、かならずしも機械の導入の必要はない。

1人で別個に生産していた労働者を一つの場所に集めるだけで、生産力は自ずと高まる。それを協業という。

たとえすべての労働者が同じ仕事をしていても、お互いの競争意識が高まったりすることで、生産力は高まる。

また同じ場所にいることで設備が効率的に使える。

★ 労働者が倍になると 1個の商品に移る機械の価値は半分に

労働者が５人のとき

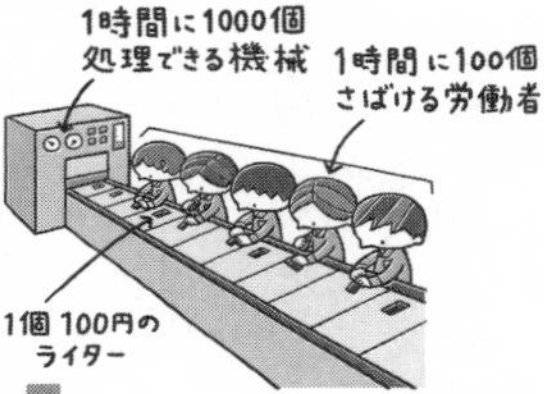

労働者が10人になると……

１時間あたりの生産量は……

５人×100個＝500個

10人×100個＝1000個

１時間ぶんの機械の価値を１万円とすると……

ライター１個に
含まれる機械の
価値

10000÷500

＝20円ぶん

10000÷1000

＝10円ぶん

★ マルクスが指摘した、個人と集団の違い

ひとりだと自分で
自分を指揮する。

人が集まれば、
指揮官が必要になる。

たいてい機械や道具は遊んでいることが多いからだ。それをキャパいっぱいまで使っていることは、まあない。あなたの使うパソコンだって、寝てること多いんじゃない？ それを多くの人が共同で使うことで、フル活用される。つまり遊ぶひまがなくなるのだ。

✿やがて資本は人格をもつようになる

マルクスは、労働者を一つの場所に集めることが、資本主義生産の基礎だという。大量の労働者の集団は、一つのシステムをつくる。そしてそのシステムが、やがて意志をもつようになる。

> 同一の労働過程で
> 比較的多数の賃金労働者を
> 同時的に使用することは、
> 資本主義生産の出発点をなす。

現代でいえば法人＝会社が最もわかりやすい例だ。会社は多くの人の集まりだ。しかし、その全体が、まるで細胞が集まって1生物をつくるように、一つの人格（法人格）をもつ。そこには、ヒトの中枢が脳であるように、監督・指揮を専門とする分業的役割が生まれる。会社でいうなら、まさに社長だ。

とはいえ社長は資本家から経営をまかされ

た労働者の一人。会社自体の持ち主は、もちろん資本家（株主）だ。

そして集められた労働者は、自分だけ認められようと、上司の命令がなくとも、どんどん仕事をするようになる。これが独立生産者と違うところである。

ほっといても動くシステムこそ協業である。

上級編

『資本論』用語まめ辞典

■協業

労働者が多数集められた生産体制。マルクスは協業が資本主義生産様式の基本形態であると考えた。労働者は協業において社会的労働力を獲得し、個人生産よりも格段に高い生産性を実現する。同時にそのことで労働者は資本の生産力の一部分としてとりこまれる。

■社会的平均労働

できる限り多くの労働者の労働量を、その労働者数で割ったもの。つまり労働者一人の極限までの平均的な労働量のことで、社会的条件によってある程度決まっている。これがどれだけ含まれているかで、商品の価値が規定される。

労働の歴史②
人はいつしか〝歯車の一部〟になっていく

労働者の質が下がって、効率が上がっていく!?

労働者がわんさと集まれば、資本主義の基礎ができるが、それだけではまだ不十分だとマルクスはいう。では、資本主義はどうやって発展してゆくのか。

彼の分析をまとめると、①独立手工業→②工場制手工業→③大工業という段階をたどり、③に至ると、資本主義はその全貌を現す、という。

①から③に至る流れでの傾向としては、第一に、生産効率がハンパなく高まることがある。第二に、人件費に当てられる部分の割合が、ほかの材料や機械などに当てられる部分が占める割合に比べて低くなるということである。それは、資本家が相対的剰余価値を獲得できるということでもある。ただ注意が必要なのは、資本は拡大するので、労働者の数

★ 3つの生産体制の段階における傾向

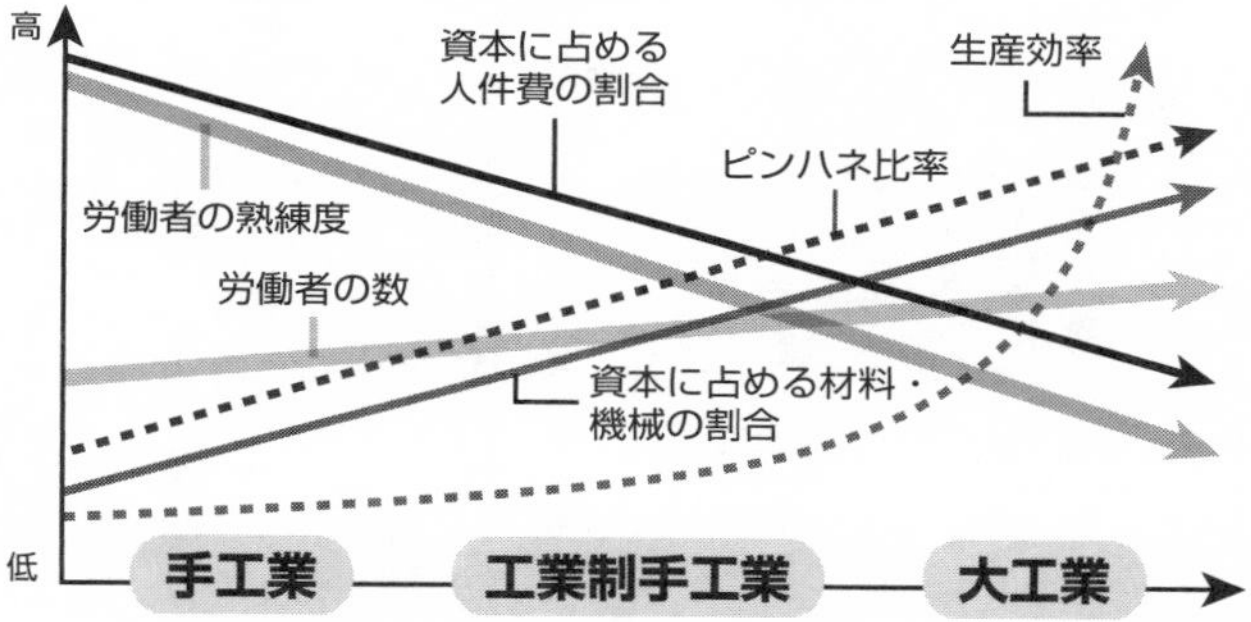

★ 生産力アップのカギは「作業の専門化」

ライター生産現場で１時間に火打石取り付け2000個、型枠作り4000個、油注入8000個こなせるとする。そのとき、人員配置を下のようにする。

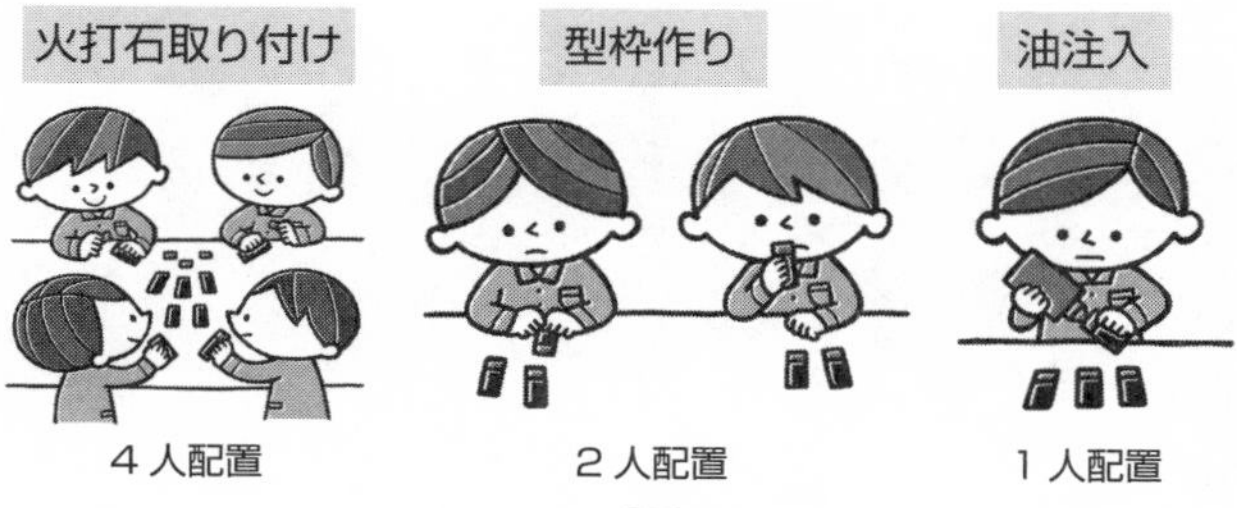

より生産率がアップする（が、労働者の能力は下がる）

はどんどん増えるが、その増加率が設備費などのそれに比べて低いということだ。

第三に、労働者の熟練度はしだいに必要なくなっていくということである。①では基本、高度なスキルや経験をもった熟練労働者がメイン、②では熟練労働者とちょっとイケてない不熟練労働者が混じり合う、③ではついにその不熟練労働者がメインになるということだ。それにつれて労働者の唯一の売り物である、労働力の価値が下がっていく。

☼仕事内容の細分化→専門化→歯車への道

②の工場制手工業を見てみよう。独立手工業との違いは、労働者はそれぞれの分担をもって計画的に生産することだ。マルクスが挙げた例でいうと、時計はバネを作ったり、文字盤を作ったりと、34ほどの工程を経て完成する。①での職人的な労働者ならば、すべての工程を一人でこなしていた。が、工場制手工業では、一つの工程につき、一人の労働者をつける。そのとき、34人の熟練した職人が作るよりもずっと多くの時計が生産できる。し

> 工場手工業は、
> それが捉えるすべての
> 手工業において、
> 手工業経営が厳重に排除した
> いわゆる不熟練労働者の
> 一階級を生み出す。

かもそれなりのクオリティで。なぜなら、一人一人の作業は専門化され、単純になるからだ。個々の労働者が考えたり工夫したりしなくても、ひたすら量産できる。そして一つの工程しかこなさないのだから仕事を身につけるのも簡単。また範囲が限定されているから、その範囲内では高いレベルを発揮できる。

こうして資本は効率を上げる。そのとき労働者の労働過程は、マルクスによれば、「奇形化」する。つまり一人の労働者の労働はある特定の部分に限定され、何も生み出す能力がなく、全体の歯車の一つとなってしまうからである。

上級編

『資本論』用語まめ辞典

■分業

作業における役割分担。多くの労働者が同じ作業をする協業もあるが、分業に基づく協業は工場制手工業の典型的なかたち。分業によって労働者の作業が専門化、細分化する。これを工場内分業と呼ぶ。一方、社会的分業では、たとえば都市と農村の相互依存が生まれる

■独立手工業

ここでは、分業に基づかない協業がなされている生産体制だと考えればよいだろう。生産力は労働者一人一人の熟練度にすべてかかっている。

■大工業

ここでは分業を基礎とした協業の最終段階で、機械をメインにした生産体制としている。手工業における「手」の技術がすっかり駆逐されたものだ。

労働の歴史③ 機械登場。人は機械に支配され、飲み込まれる

☼機械の導入でどうピンハネされるのか?

マルクスは、機械が導入されることで、資本主義の全貌があらわになったといっている。機械の導入は、労働の生産性を極度に高めることになる。マルクスが挙げた例によると、以前は10人の男子が1日4万8000本を生産していた縫い針工場に、4台の機械を導入したところ、機械を監視する女の子を一人おいただけで、生産量が1日約60万本になったという。生産性はなんと約12倍!

この生産性アップ具合をこれまでの例をもとに考えたのが、左の図。図からわかるのは、1個の商品を生産するのに要する労働時間が激減していること。つまり、値段が同じならばプラスαの剰余価値の占める割合が増えているというわけ。こうして生産効率のアップ

★ 生産力アップが引き起こすこと

1 1日10人の労働で4万8000個のライターを生産するケース

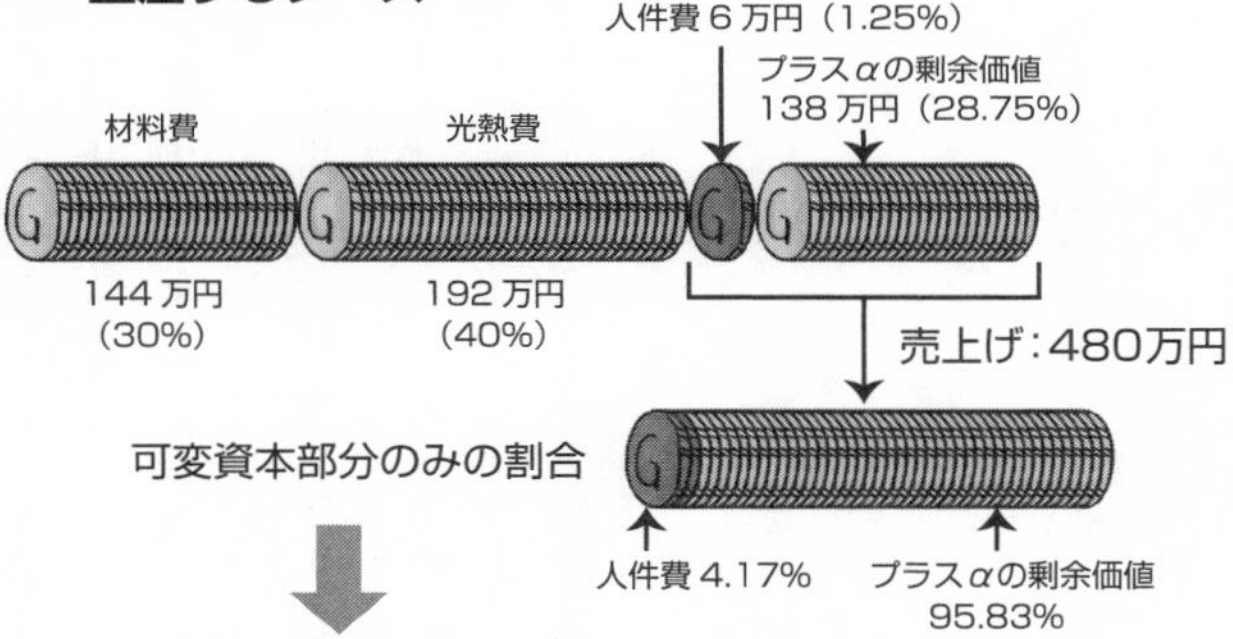

2 1日一人の労働で60万個のライターを生産するケース

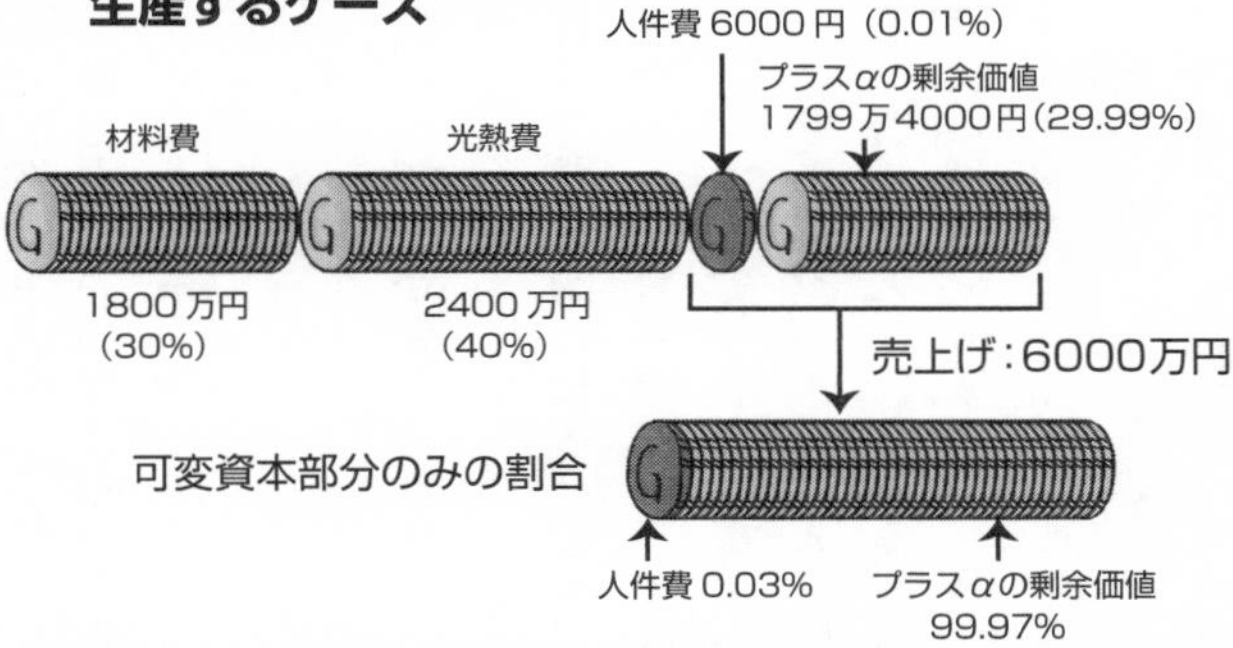

人件費の割合は139分の1になる！

においては、スピードが問題になる。マルクスが挙げた例に見られるように、機械は進化すればするほど、その操作が簡単になる。労働者は誰でもよいのだ。だから資本は多少高価な機械でも、それによって労働者を減らせるのならばと、積極的に導入する。

「不満があるヤツは機械に代わってもらうよ?」

そこで労働者はどうなるか? マルクスでなくても、機械が発展すればするほど、不平不満をもつ労働者を追い出す理由ができることがわかる。

過酷な労働から身を守ろうとする労働者は、1日8時間労働にしろ、とか、給料を上げろ、とかいう。資本家にとってみれば、不満をブーブーいう労働者より機械のほうが使いやすい。そこで資本家は、人件費と機械を導入する投資額を天秤にかける。ものすごい高性能で高い設備や機械でも、高くなりつつある人件費よりはメリットがあると判断すれば、労働者を切り捨てることになる。

労働者はまさに板挟みだ。条件をよくしよ

> 機械による
> 資本の自己増殖は、
> 機械によって生存条件を
> 破壊される労働者数に
> 正比例する。

うと努力すればするほど、リストラされる理由を作り出してしまうことになるから。そうして以前よりも長時間で過酷な労働に甘んじる人も出てくる。あえなくリストラされてしまった労働者には、何の技術も能力もない。その会社でしか役立たない、きわめて部分的な作業しかやってこなかったからである。そうして、誰にでもできる単純な仕事を新たに探し求めることになる。

このように労働者を追い込むのは、資本家というより、機械が体現する資本そのものだ。

上級編

『資本論』用語まめ辞典

■機械

マルクスによると機械の定義には①動力機、②配力機構、③道具機または作業機の3つが必要。そして機械では、③が最も特徴的で、一つの動力でもって配力機構を工夫し、多種多数の道具を動かすことのできるシステムだとマルクスは定義づけている。機械が導入されるとき、労働過程の協業的性格は必然となる。

■機械破壊者運動（ラダイト運動）

1811年イギリス中北部で起こった、労働者による機械打ち壊しの暴動。ネッド・ラッドという名前の人物にちなんでいるという。生活が苦しくなった手工業者や労働者が起こした運動だが、政府によって鎮圧された。

15 第5篇 絶対的剰余価値と相対的剰余価値の生産
第14章 絶対的剰余価値と相対的剰余価値

資本主義の〝生産的〟な労働ってどんなもの？

生産性を高める二つの方法

労働の歴史から明らかになったのは、生産性アップの過程で労働者が追い込まれていくさまだった。

しかし、〝生産的〟な労働とは、具体的にどういうことなのか。それはズバリ、資本の価値を増殖させるということだ。

資本主義は商品生産の社会。商品の価値には使用価値と交換価値がある。どんな社会でも生産的とされるのは、使用価値を増やすことだろう。が、資本主義の場合、プラスαの剰余価値をどれだけつくり出すかだけが問題になる。

98ページでいった必要労働時間とプラスαの剰余労働時間を思い出そう。必要労働時間

★ 資本主義の「生産的な労働」により資本が増えるしくみ

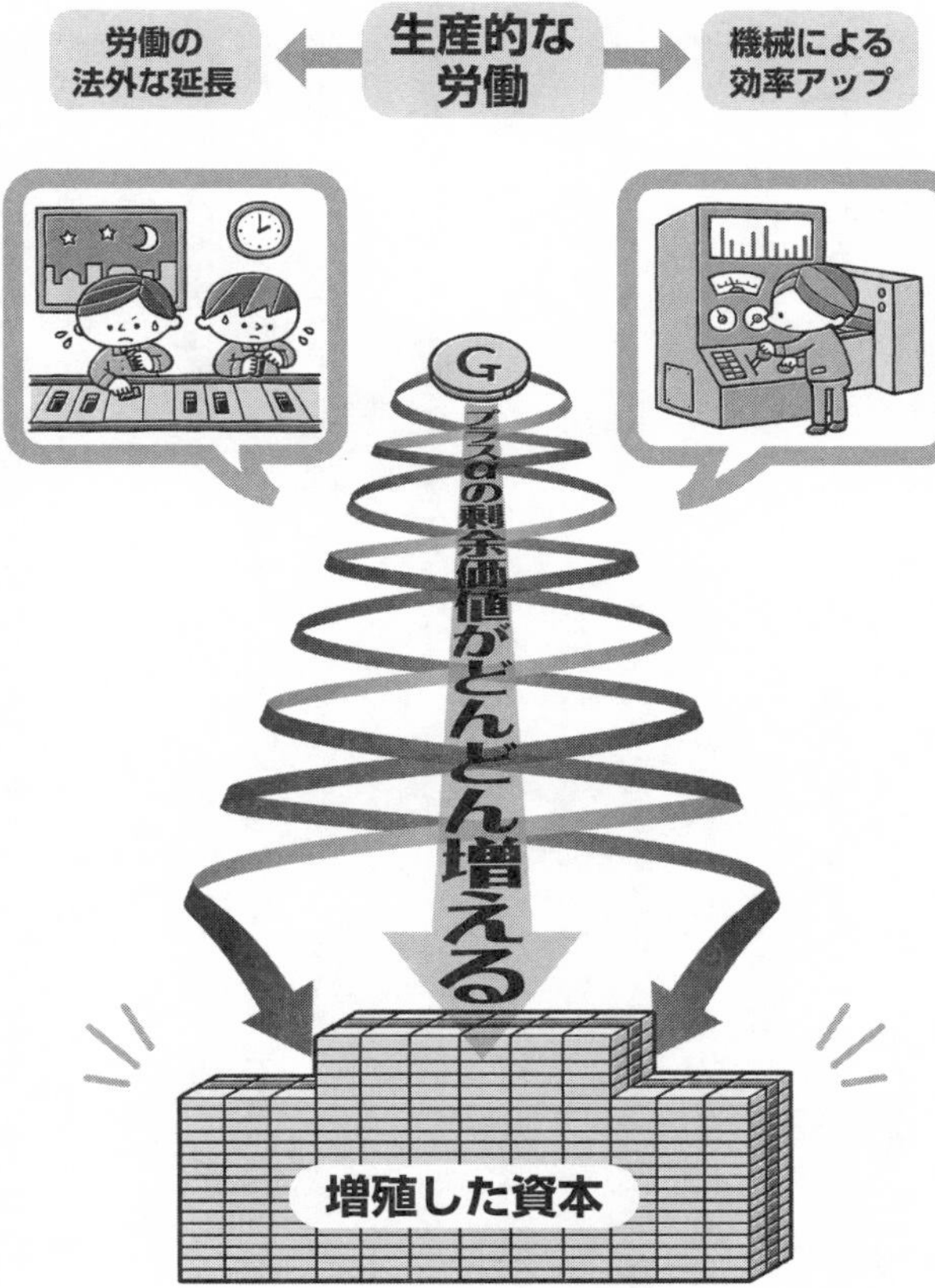

とは、自分の能力を維持するのに必要な生活費分の価値を作り出す労働、それを越えて働く剰余労働のプラスαの労働時間が、プラスαの剰余価値を生み出す。

生産性を高めるには、すでに述べてきた、二つの方法がある。

一つが、労働時間をひたすら延ばすこと。もう一つが新しい機械を導入したり、画期的な技術を開発したりして、労働を強化すること。この二つがたがいに手を取り合って、プラスαの剰余価値を増やし、資本主義はさらなる進化を遂げるわけだ。

☼なんで他人のために働くようになったの？

「資本家のために
剰余を生産する労働者、
すなわち資本の自己増殖に
役立つ労働者のみが、
生産的である。」

資本主義以前の社会では、自らの生活手段を得るだけでいっぱいいっぱいであり、他人のために剰余価値を生み出すことはできない。

資本が蓄積され、労働力が商品化される社会になってはじめて、労働者は資本のために剰余労働を生み出す。

資本主義社会では、自らの生活手段の価値を超えた、剰余労働を生み出す労働を「生産的労働」という。

この生産的労働こそ、資本主義を資本主義たらしめる労働である。

だから、家庭の中での労働や奉仕活動のような労働は、生産的労働といわない。

生産的労働とは、あくまで資本の価値を増殖させる限りの労働ということになる。

上級編 『資本論』用語まめ辞典

■社会的生産物

資本家が多数の労働者を雇って生み出したもの。すなわち商品。このすべてを所有するのが資本家である。これらの商品が、社会の要求に応えている社会的生産物である。

■全体労働者

すべての労働過程を一人で行う労働者を「全体労働者」という。工場制手工業や大工業になればば労働者は生産過程の一部分を担っているにすぎず「部分的労働者」である。しかし全体の労働者でみれば、それは一つの全体労働者といえる。

生産性が上がると、労働力の価値は上がる？　下がる？

生産性アップと能力アップの違い

答えからいうと、生産性が上がると労働力の価値（賃金）は、剰余価値に比べて相対的に下がる。それは同時に資本がくすねるプラスαの剰余価値が増えるということを意味する。

これまで価値についてさんざん話してきたが、マルクスはここであらためて労働力と生産性の関係について述べている。つまりより現実的でナマナマしい話に進んでいくわけだ。

生産性が上がるというとき、注意しなければいけないのは、それは労働の生産性であり、労働力の価値（賃金）が上がることとは別、ということ。労働の生産性とはプラスαの剰余価値を生み出す量で決まり、機械を導入すれば生産量が増え、必要労働時間は下がり、

★ 生活費が高くなっても資本家の利益が増えるしくみ

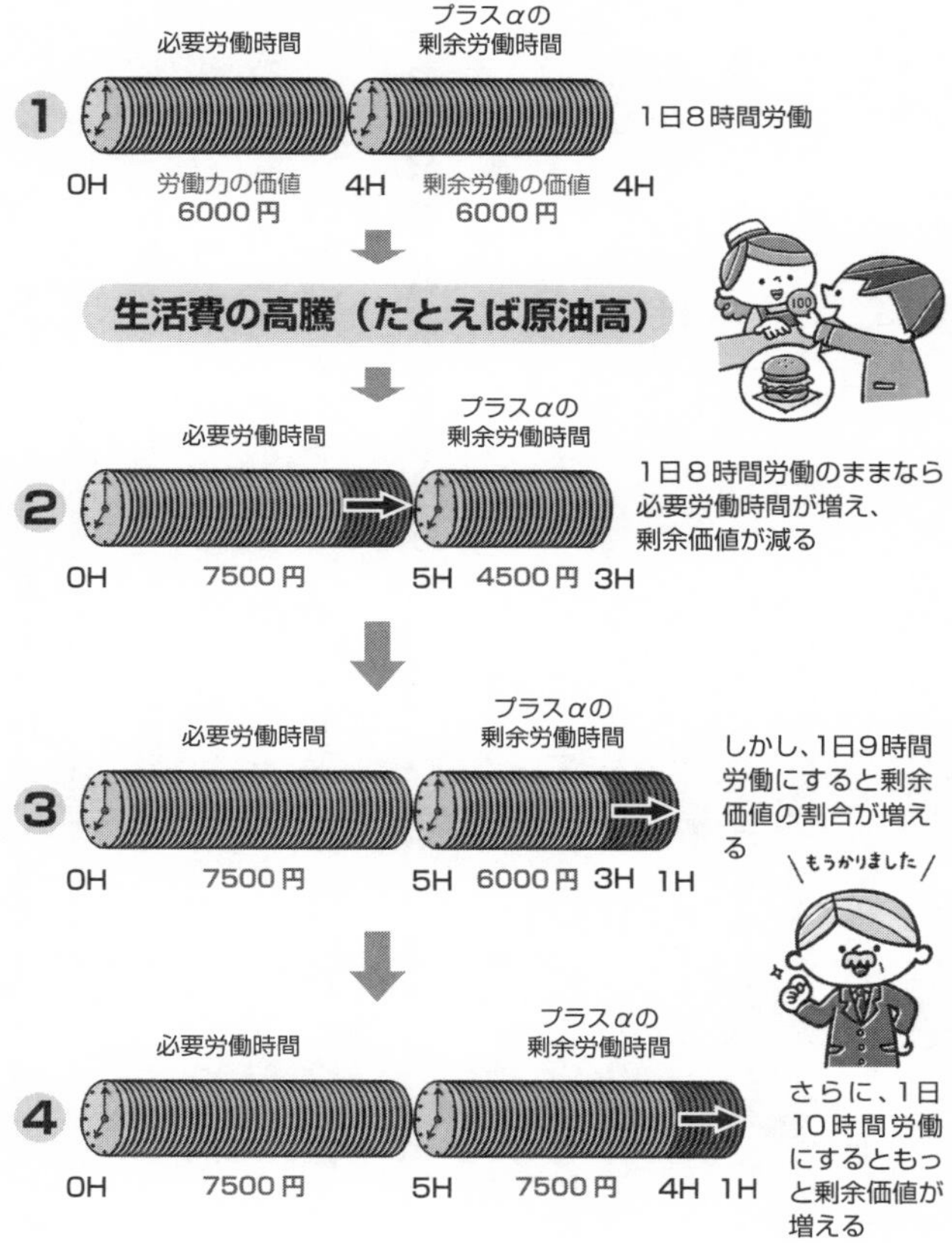

剰余価値の割合が増える。それにつれて労働者の熟練度など必要なくなることは先の項目で話したとおり。だから労働力の価値は下がる。ただし生産量は増える。

いっぽう労働者の熟練度が上がった場合にも、生産物の量は増える。これは労働者の時間あたりの生産量が増えることであり、一個あたりの生産時間が短くなる。能力が上がった分、労働が強化されたことで、資本がくすねるプラスαの剰余価値も増える。

生産性が上がれば、能力の価値が下がり、能力が上がっても結局、その価値は下がる。

✿生産性が落ちても、ヒンパネするやり方

労働の生産力が
高まることなくしては、
労働力の価値は低下しえず、
したがって、
剰余価値は増大しえない。

労働者の給料は労働力の価値に対して支払われる。そしてその労働力の価値は労働者の生活費で決まる。では、その生活費が高騰した場合、資本はどのようにしてプラスαの剰余価値をくすねようとするだろうか？

投資する資本のうち、人件費の部分の労働の時間を必要労働時間といい、それが増えれば、労働時間が一定の場合、プラスαの剰余

労働時間が減る。

127ページの図の①→②のように、必要労働が4時間から5時間に増えたとする。プラスαの剰余労働時間は3時間に減る。当然、資本家は③のように労働時間を1時間延ばして、もともとの6000円の利益を守ろうとする。

しかしそれにとどまらないのが資本のサガ。③の場合、必要労働とプラスαの剰余労働を割ったピンハネ率（剰余価値率）は下がっている。それを維持したいと資本はいう。そこで、④の10時間労働に延長する。あら、結果的に剰余価値は増えてるでないの、となる。

上級編

『資本論』用語まめ辞典

■ **労働の生産力**

一定時間に生産物を生み出す能力であるが、道具や機械・設備をどう使いこなすかも、労働の生産力を決める要因となる。つまり機械の生産性が上がれば、それを使って生み出される労働の生産力は高まる。マルクスは、労働の生産力が高まることなしには労働力の価値（賃金）が下がることはない、という。

■ **労働の強度**

労働の密度を上げることは、生産力を引き上げること。使う道具や機械が同じでも、労働の強度が高くなると生産量が増える。そのとき、一つ一つの生産物に含まれる労働量は同じなので、以前と同じ賃金でいい。同様に強度が低いと生産量は少なくなり、必要労働部分は増える。

17

第5篇　絶対的剰余価値と相対的剰余価値の生産
第16章　剰余価値率の種々の表式

ピンハネの度合いを公式で表してみると…

ピンハネ率を労働時間で考えると

左ページの三つの式は、資本家による仁義なきピンハネっぷりを示したものだ。マルクスは①を正しい式、②をまちがっている式、③をより進化した正しい式、としている。

①の式は95ページでも述べたものの発展型だ。総投資額3万4000円、1日8時間労働で人件費が6000円、その労働で生まれたプラスαの剰余価値が6000円だとする。このとき、プラスαの剰余価値6000円÷可変資本6000円で100％となる。労働者は4時間を給料分の労働、4時間をプラスαの剰余労働として働いたわけだ。①の式は、それまで価値で表していたものを、時間でも理解できるようにするもの。どれだけの時間を自分のために、どれだけの時間を資本家のために働いたかがすぐわかる。

★ マルクスが考案した
ピンハネ率を示す式のパターン

1 正しいピンハネ率を求める式

$$\frac{\text{剰余価値}}{\text{可変資本}} = \frac{\text{剰余価値}}{\text{労働力の価値}} = \frac{\text{剰余労働}}{\text{必要労働}}$$

2 よくあるまちがった式

$$\frac{\text{剰余労働時間}}{\text{労働日}} = \frac{\text{剰余価値}}{\text{生産物の価値}}$$

（労働力の使用価値）

3 さらに進化したピンハネ率を求める式

$$\frac{\text{剰余価値}}{\text{労働力の価値}} = \frac{\text{不払労働}}{\text{支払労働}}$$

☼結局、資本が労働者を搾り取って利益が出る

さて、この条件を②の式にあてはめてみよう。

プラスαの剰余労働時間が4時間で、1日の労働時間8時間なので、50%になる。プラスαの剰余価値が6000円に対し、1日の労働力の使用価値が1万2000円なので当然同じく50%。

この式のどこがまちがっているのだろう?

マルクスがいうには、労働者の取り分が明確でないことである。

> すべて剰余価値は、それが後に、利潤、利子、地代等のいかなる特別の態容に結晶しようとも、その実体からすれば、不払労働時間の体化物である。

この式を見てわかるのは、1日の労働日の中から資本家がわずかながら剰余価値をもらっているということである。当然ピンハネ率は低いわけだ。

しかし、これは明らかに現実的ではない。

たとえばマルクスは、イギリスの農耕労働者の例を挙げる。農耕労働者は生産物の4分の1を受け取り、資本家は4分の3を受け取る。この場合のピンハネ率は300%。だか

ら②の式は、ピンハネを示すものとしてはまちがっていることが実証できるという。

マルクスは③の式に進む。これが表すのは、資本がひたすら求めるプラスαの剰余価値の出所が、単に、労働者がタダ働きである、というだけ。

そこまでズバッと打ち出すと気持ちよいくらいだ。プラスαの剰余価値は、利益とか利潤とかいろいろと言葉で言いかえられるが、結局は資本による労働者からのピンハネそのものだといっているわけだ。

上級編

『資本論』用語まめ辞典

■剰余価値率

マルクスの示した式によると、「〈剰余価値/可変資本〉=〈剰余価値/労働力の価値〉=〈剰余労働/必要労働〉」。はじめの二つの割合が、価値と価値の比率、三つめの割合が時間の割合を表す。これが剰余価値率。いっぽうマルクスの示す②の間違っている式のほうは、「〈剰余労働時間/労働日〉=〈剰余価値/生産物価値〉=〈剰余生産物/総生産物〉」。

■不払労働

本文に示したとおり、文字どおりタダ働きのこと。マルクスがいうには、「すべて剰余価値は、それが後に利潤、利子、地代等のいかなる特別の様態に結晶しようとも、その実体からすれば、不払労働時間の体化物である」とのこと。

18

第6篇　労働賃金
第17章　労働力の価値または価格の労働賃金への転化

労働者は「給料」という言葉にダマされている？

✿「労働力の価値」が「労働の価値」に変貌

マルクスはここで、労働力の価値、それにつく値段、賃金あるいは、給料、これらすべてが別物だといっている。労働力の価値、労働者は彼の労働力がゆいいつの商品だ。たとえばライター生産者の1日の労働力は人が汗水たらして働く4時間ぶんの価値をもつ。価値につく値段は市場の需要供給によって、変化する。とりあえずはその値段が価値どおりにつけられるとして、1日8時間で6000円が支払われたとする。資本主義社会では、その給料は彼の「労働への価値」に対して正当に支払われているように見える。

マルクスはいう。本質的な諸関係は、現象においては「往々逆に表示される」と。つまり「労働力の価値」が「労働の価値」に変貌する。労働力の価値は労働者の労働力の再生

★ 資本家が買っていると思うのは、労働力の“機能”（労働力の使用価値）

就職前　この時点で資本家は労働の値打ち＝6000円だと思っている

彼の労働は
1日6,000円だ
高い技術を
持っています!
自分の能力を
高く売りこむぞ!!
採用します!
資本家から見た
労働の価格
労働者にとっての
労働力の価値

就職後　資本家は役立つ使用価値をより多く引き出そうとする

こんなハズじゃ
ないのに……
資本家は
買った商品の
使用価値
を引き出そう
としている
もうけをどんどん
増やすぞ!!

産に必要な価値だが、労働の価値は投下されたすべての労働力の価値である。なぜそんな変貌が起こり、そしてそれが問題なのか。資本主義社会では一般的に、労働者は労働力を売っているとは考えず、労働を売っていると考えるからだ。それが「本質的な諸関係」である剰余価値をピンハネするシステムを見えなくし、資本主義の発展に役立つのだ。

❂もし労働がその価値どおりに支払われたら

ではなぜ逆転現象が起こるのか？　これは商品のもつ二重性からきている。商品の買い手は、商品の使用価値を求める。たとえばパソコンを買う人にとっての使用価値とは、処理が速いとかの具体的な機能だ。労働者の能力という特殊な商品は、質としての労働以外にも量としての価値をもち、価値を生み出すという機能がある。労働者の能力が4時間ぶんの労働量である6000円で売られたとしても、実際にそれが使われる労働現場では、8時間機能することができる。資本家は、その8時間働けるという機能に対して6000

労働賃金という形態は、
労働日が必要労働と
剰余労働とに、
支払労働と不払労働とに
分かたれることの
すべての痕跡を消し去る。

円の給料を支払っているのだ。買い手にとって、パソコンの価値とは使用価値であるのと同じで、資本家にとっては、8時間働いて1万2000円の価値を生み出す機能をもつからこそ、価値がある。とすれば、資本家だけでなく労働者でさえも、売っているのは「労働力」ではなく「労働」であり、その価値が給料である、と考えてもしょうがないのだ。

もしほんとうに労働に対して給料が支払われるのならば、労働者が8時間の労働で1万2000円ぶんの価値を生み出したのなら、彼の給料も1万2000円となるはず。もしそれが実現すれば、資本は価値をピンハネできなくなり、資本主義は成り立たなくなる。

上級編

『資本論』用語まめ辞典

■ブルジョア

中世以降の新興都市の特権的な市民で、貴族ではない。当然生産手段をもっている。近年においては資本家を意味する。その意味で言葉は同じだが内容は違う。

■労働賃金

労働力の価値に対して支払われるもので、労働力の使用価値に対するものではない。労働力の価値は、労働者の使用価値ではない。

労働力の価値が下がるのになぜ労働者はますます悲惨な環境で働くの？

☼労働力の価値が長時間労働を強制する

「労働の値段」（労働力の価値）という考えがどのような結果を引き起こすのか、見てみよう。

マルクスが示した労働の値段を表す式で考えてみよう。

いつものライター生産者の例を当てはめると、彼の労働力の価値は６０００円。これは量としての労働の4時間分にあたる。１日平均８時間働くとして、労働の値段は１時間当たり７５０円が基準になる。そして彼の１日の給料は６０００円だ。

労働力の価値、すなわち給与は、労働者の再生産費の最低限まで下げることができる。したがって６０００円を維持できるわけではない。

★ 給料は労働の価値とイコールではない

労働力の価値は
6000円
労働力の価値は、
再生産費(物価)で
決まるが、再生産
費(物価)が下がる
と6000円を維持
できない
どうも!
おつかれさま
6000円を得
るためには労
働時間を増や
す必要がある

つまり、労働力の価値が下がるわけである。

そうなると、さらに超過勤務をせざるをえなくなる。そのため、労働時間を増やすことになるのである。

どのようなかたちであれ、「労働の値段」が労働力の市場価値（再生産費）で決まる以上、支出した労働力のことなど考えられない。

だから、資本家のピンハネが見えなくなるしくみになっているのだ。

労働の安売りが労働者をますます追い込む

労働者がつねにお互い競争している以上、労働者の価値は極限まで切り下げられる。

すなわち、労働者は資本家と競争するのではなく、労働者は労働者と競争するのである。資本家にとってこれほど都合のよい話はない。労働者は自分の労働の安売りをしているのだから。

いや、資本主義は労働者を競争させることで安売りを強制しているのだ。たくさんの労働者は、自分だけ助かろうとして、安い賃金でより働くのである。

そうして、労働者階級の労働環境はますます過酷になってゆくのだ。

労賃を得るためには労働力の価値を下げざるを得ない

「労働者のあいだに生じた競争は、労働の価格を圧し下げることを、資本家に可能にする」

労働者は労働の能力を売る際、最大の敵は他の労働者である。

だから、商品の販売と同じように、どんどん労働力の価値を下げて売らざるを得ない。

ということは、労働者人口が多い場合、労働者の価値は、その本来の再生産費用を下まわる可能性がある。

しかし、労働者は職にありつくために、そ

れを受け入れるしかない。実際、労賃が下がらなくとも、労働時間の延長としてそれらを受け入れざるを得ないのだ。

ところが、労働者は労働時間より、得られる賃金に関心があるので、いくら働いたかより、いくら労賃を得たかにのみ関心を示す。

労働者は、実際に働いた労働の量より、労賃が少ないことには関心をもたないのが現実なのだ。

上級編

『資本論』用語まめ辞典

■ 時間賃金

労働力は一般に、一日あたりや週あたり、月あたりなど一定の期間について支払われる。そのように一定期間あたりの労働力の価値が表される形を時間賃金という。

■ 名目的労働賃金

時間賃金に対して支払われる貨幣額。1日6000円、1週間3万6000円、1カ月15万円など。

■ 労働の価格

労働者が実際に与えた労働の量は、当然、剰余価値を含むので、名目的労働賃金より多い。しかし労働者はこれに関心をもたない。

20

第6篇　労働賃金

第19章　出来高賃金、第20章　労働賃金の国民的差異

出来高払いならピンハネされてないんじゃない?

☼そうは問屋がおろさない

ライター生産者が、ライター1個につき15円で出来高払いの契約を結ぶとする。仕事時間がどれだけ長くなっても、その分たくさん生産し、より稼げるのだから、やりがいがあるというものだ……。

しかしマルクスなら、「ダマされるな!」というだろう。先の項目で「労働の価格」という考え方がダマされていることになるというのと同じだ。本当なら彼の給料は、働く能力の価値によってきまる。が、労働の値段といういい方では、支出した全労働について支払われていることになる。ビミョーだが、この意味の違いは大きい。

彼は8時間で400個ライターを生産するとする。そのとき彼の出来高によって得る給

★ 労働力の価値の考え方

もしも労働力の使用価値どおりに給料が支払われると……

1 時間あたり 1500 円 ×8 時間＝1 万 2000 円

もらえる
はずの金額

★ 出来高払いなら、ピンハネされない？

1 日の労働の価値＝労働力の価値

→ これが「労働の値段」の考え方（しかし、これは等式ではないのだ）

時給 750 円で
1 時間 50 個生産 × **8 時間** ＝ **400 個生産し、**
日給 6000 円

金額は
同じ

労働時間から
考えるのが
労働の値段

750 円 ×8 時間
＝6000 円

労働力の使用価値
とくらべると、結
局 6000 円ピン
ハネされている

生産量から
考えるのが
出来高払い

750 円 ÷50 個
＝15 円／個
15 円 ×400 個
＝6000 円

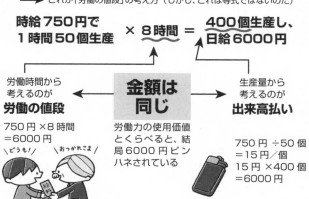

料は、6000円になる。彼の能力の価値は労働4時間ぶんの6000円だった。しかし彼が実際働いたのは8時間。ということは資本家のピンハネした価値は6000円。87ページの図を見てほしい。8時間労働で彼の能力の価値は6000円、資本がピンハネする価値は6000円。何も変わってないじゃん！

先に述べたことと同じで、彼の給料は彼の労働力の価値ではなく、彼の労働の使用価値に支払われていると考える限り、資本のピンハネは見えない。

資本にとって最も都合のいい制度

「出来高賃金は資本主義的生産様式にもっともふさわしい労働賃金の形態であることがわかる。」

そもそも1個あたり15円という基準が間違っているのではないのか？

けど、労働者の平均的な生産量が8時間で400個であり、労働の値段というかたちで8時間労働に対して給料が支払われている限り、どうしてもその値段ができてしまう。

マルクスによると、この支払制度は資本主義に最もふさわしいらしい。サボっているヤツは給料が下がるから、ほっといても労働者は働いてくれる。長時間労働にも文句をいうヤツはいない。働けば働くほど儲かることになっているから。労働者間のライバル意識が出て、会社全体では効率が上がるかもしれない。

もし、会社全体で効率が上がり8時間で倍の800個つくるようになるとする。すると資本家は、出来高の基準を半分に下げる。ピンハネできる割合はもとどおりで、生産力は上がったのだから、資本家としては、願ったりかなったり。つまり出来高払いが「資本主義に最もふさわしい」というのは、「資本家にとって最も都合がいい」ということなのだ。

上級編

『資本論』用語まめ辞典

■寄生者

出来高賃金は資本家と労働者との間に入るブローカーを存在させる。つまり1個あたり100円の賃金であれば、それを80円で労働者に下請けさせ、その差額20円を稼ぎにするような業者のことをいう。また主要な労働者が大量に生産を引き受けて、労働者がさらに下の労働者を雇うような状態を引き起こす。これをマルクスは、「労働者による労働者の搾取」という。

■貨幣価値

マルクスによると、資本主義が発展した国ほど貨幣価値が低いので、名目的賃金は高くなる。しかし実際は、労働賃金と労働者が生み出した価値との差は、先進国のほうが大きいという。それはつまり先進国の労働者のほうが搾取されているということになる。

利潤はこうして資本に変わる①スタートは再生産のくり返し

もしも資本が増えていかないとしても

労働者の数が増え、生産性が上がって資本主義が始まり、その拡大していく過程を、マルクスは解説する。その前にちょっとおさらい。お金が資本になるのは、お金→商品→お金＋α、のプロセスを経てのこと（労働力が商品化すること）。もしこのプラスαの剰余価値を資本家がすべて使ってしまうとしたら、それは同じ規模の生産をえんえんとくり返すだけになる（単純再生産）。しかし、これだけでも労働者にとっては大変な状況になる。

資本家が1000万円を借りて投資し、プラスαの剰余価値200万円を上乗せして、資金を回収できたとする。彼が100万円を家族のためとかでプライベートに使い、100万円を借金返済に使うとする。新たな投資額は以前と同じ1000万円。それを続

★ 投資額は増えていないのに…

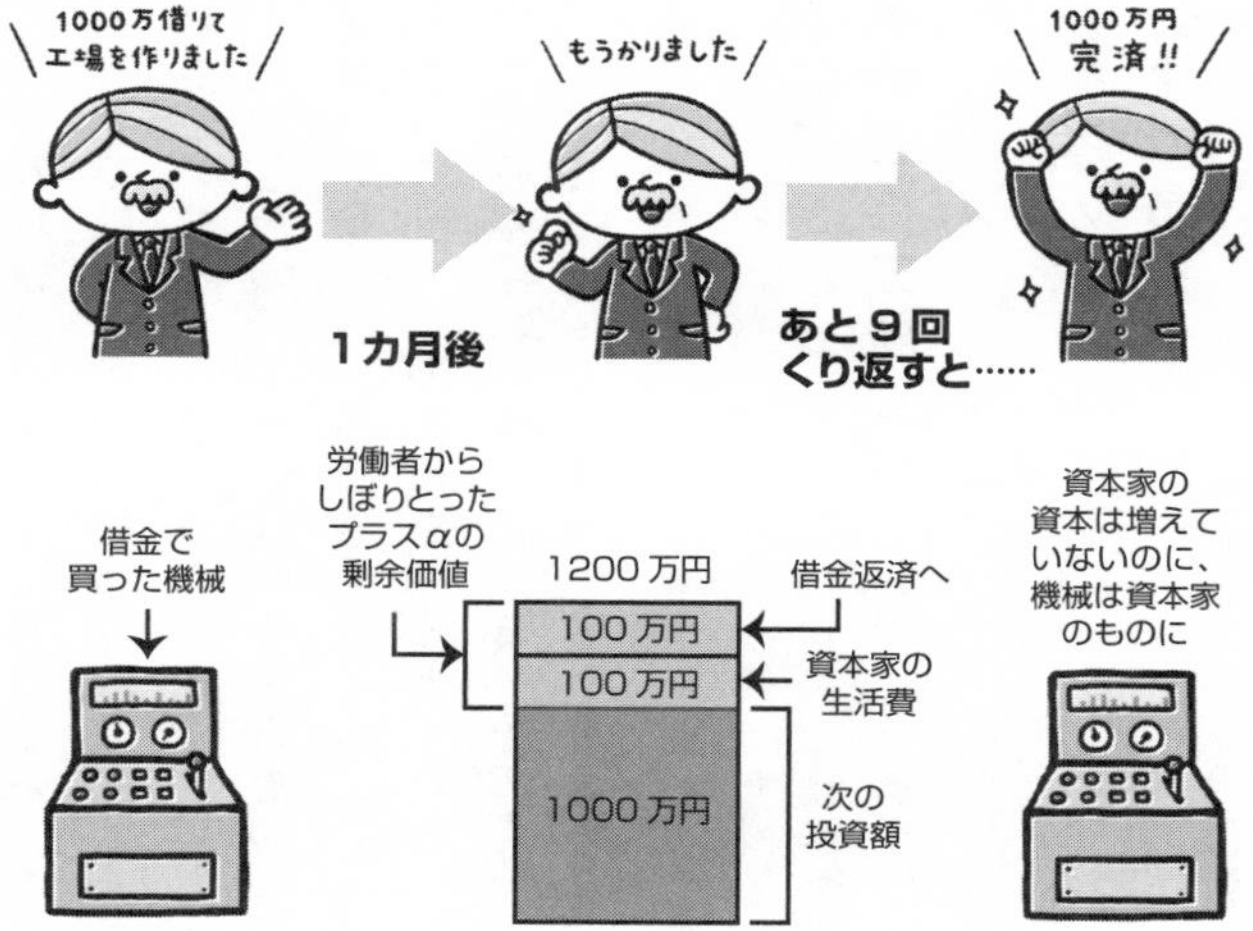

★ マルクスが考えた「資本家が給料を渡すということ」

けていっても、彼のお金はいっこうに増えない。

が、ここでもすでに労働者からの搾り取りが始まっている。10回転した段階で、彼の手元に残るのはもとのままの1000万円だが、はじめの借金などで設置した機械や設備などは、借金を返却したのですっかり資本家のものになっている（前ページの図）。

彼の投資額には、機械費・設備費も含まれている。これまで述べてきたとおり、機械や設備は労働者からプラスαの価値を搾り出すためのもの。資本自体は増えないのに、機械や設備はすっかり資本家のものになっているのだ。

「
労働者階級の
不断の維持と再生産とは、
依然として
資本の再生産のための
恒常的条件である。
」

単純再生産をくり返せば労働者階級が生まれる

また、その過程でできたすべての商品は、資本家のものだ。労働者が受け取るのは10回分の給料。これらは、労働者の生活費にあてられるものだ。

当然、労働者はプライベートで給料を何に使おうと文句をいわれる筋合いはない。労賃とは資本家が彼にその労働力を維持させるだけのものであり、マルクスの表現によれば「蒸気機関の車輪に油がさされる」のと同じだという。農耕用の牛にエサをやることが、飼い主のためであるように、資本家は翌日の仕事を効率よくこなすために、労働者に給料を渡して、食わせる、寝させる、遊ばせているというわけだ。

そのようにして、資本の回転がくり返されるうちに、このピンハネする人とピンハネされる人の関係が固まっていく。マルクスはいう。「労働者は市場で雇用契約を結ぶ前に、資本に従属している」。そして労働者階級と資本家階級が、世代を超えて受け継がれていく。

上級編

『資本論』用語まめ辞典

■単純再生産

剰余価値を新たに投資額に加えずに、同じ規模の投資→回収をくり返すこと。いっぽう剰余価値の一部を投資額に加え、前回よりも大きな規模で新たな投資をすることが拡大再生産。

■生産的消費

価値の増加に関わる消費。たとえば工場に導入された機械を使う、または資本家が労働者の能力を使うことなどは、これにあたる。

■個人的消費

価値の増加に関わらない消費。資本家が得られた利益で酒を飲んだり、労働者が給料で恋人にプレゼントを買ったりなど、プライベートな支出のこと。

22 第7篇 資本の蓄積過程
第22章 剰余価値の資本への転化①

利潤はこうして資本に変わる②
拡大再生産が始まる

ピンハネがさらなるピンハネを生み出す

お金→商品→お金＋αで、たとえば1000万円の投資額が1200万円に増えたとする。資本家がバカじゃなければ、彼は利益の200万をすべて自分で使うようなことはしない。100万円を自分のものにしたとしても、残りの100万円は新たに投資するはずだ。

新たな、お金→商品→お金＋αの回転が始まる。その結果、その新たに投資された利潤の100万円は20万円のプラスαの価値を生み出す。そうして投資する額をどんどんふくらましていくことで、利益もますます大きくしていこうとするわけだ。

はじめの1000万円が、資本家が汗水たらして働き貯めたお金だったとしよう。が、

★ 利益率 20%で拡大再生産を続けると…

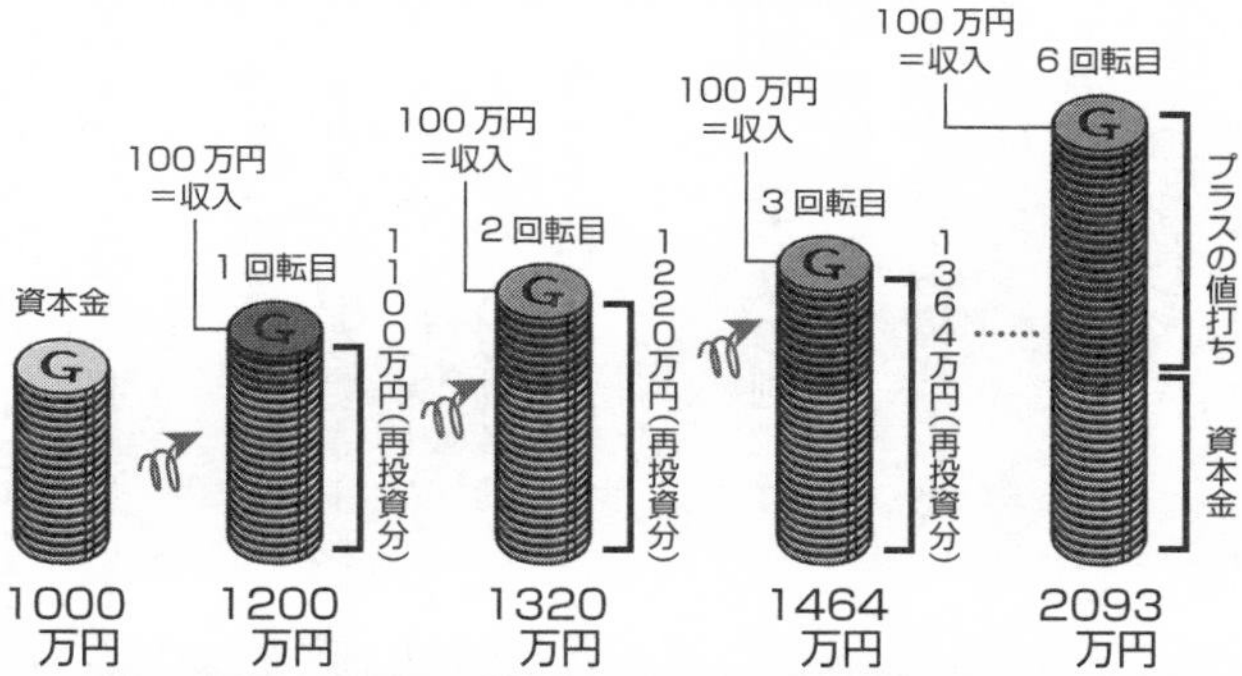

6回転目にはプラスαの値打ちが最初の資本を超える

★ 消費と投資の違い

それが1回転し生み出した新たな投資額（利潤）、100万円。これは労働者からピンハネして得たお金だ。それを投資に回して得られた20万円は、ピンハネがピンハネを生み出したことになる。

ここから、資本は単純な円を描いていた軌道が、どんどん大きくなってらせんの軌道になるのだ。つまり本格的な資本主義が始まる。要は資本家が労働者からくすねたお金でさらにスケールを拡大したピンハネを行うこと。そしてそれがくり返されることで、資本家にはピンハネする権利、労働者にはタダ働きする権利が確定する。

なんでこんなことになったのか？　マルクスによると、労働者の労働力が商品になることで、そのことは避けられない。また、労働力が商品になることによって初めて商品生産が全社会に強制される、という。

> いまや所有は、資本家の側では、他人の不払労働または
> その生産物を取得する権利として、
> 労働者の側では、
> 彼自身の生産物を取得することの
> 不可能として現われる。

投資することと消費・貯蓄の違い

ところで、労働者は彼の労働力を売っているのであって、資本家の召使いになっているわけではない（実際にそういう企業があるか

もしれないけど、ここでは無視する）。召使いを雇うことは資本家の個人的な欲求を満たすためであって、さらなる利潤拡大のための投資ではない。それは消費だ。投資はあくまで生産的でなければならず、資本主義での「生産的」とは資本を大きくすることだというのは、すでに話したとおり。

また、投資と貯蓄は違う。貯蓄とは資本の回転からお金を引き出し、守ることだ。厳密にいうと、銀行に預金することは、銀行を通じた間接投資なので、いわゆるタンス預金をイメージしてほしい。貯蓄は1円の資本も増加させない。

上級編

『資本論』用語まめ辞典

■資本の蓄積

資本家が生産した商品を売って貨幣に換え、その利潤のいくぶんかを新たに投資に回すこと。利潤のすべてを消費に回せば、蓄積は拡大しない。

■原資本

剰余価値を生み出す一番最初の元手。初めの資本が1000万円だったとして、1200万円に増えたとする。2回転目でも現資本1000万円は利潤率20％で同じ増殖を行う。追加の200万円はさらに20％増殖する。

■貨幣退蔵

利益を消費にも資本の蓄積にも回さずに、流通の外で保管すること。この場合、貨幣は1円の増殖をもたらさないが、いつでも商品が買える状態にある。

利潤はこうして資本に変わる③ 資本家も機械などに再投資する

☼再投資すべきか、使っちまうべきか…

1000万円の投資額に対して、利潤（剰余価値）が200万円。資本家がそれをどれだけ自分のふところに入れ、どれだけを再投資に使うかは、彼のス트イックさにかかっている。

彼が利潤（剰余価値）のすべてを再投資に回す場合を見てみよう。はじめが1000万円→商品→1200万円。2回転目、同じ利潤率だとして、1200万円が1440万円。3回転目で1728万円。4回転目では、約2074万円となり、資本は倍以上に増加した。

これは複利の考え方と同じだ。利子に利子がつくこと。まさに雪だるま式にふくらむの

★ ピンハネとボッタクリの違い

① 1時間50個生産×8時間で400個生産

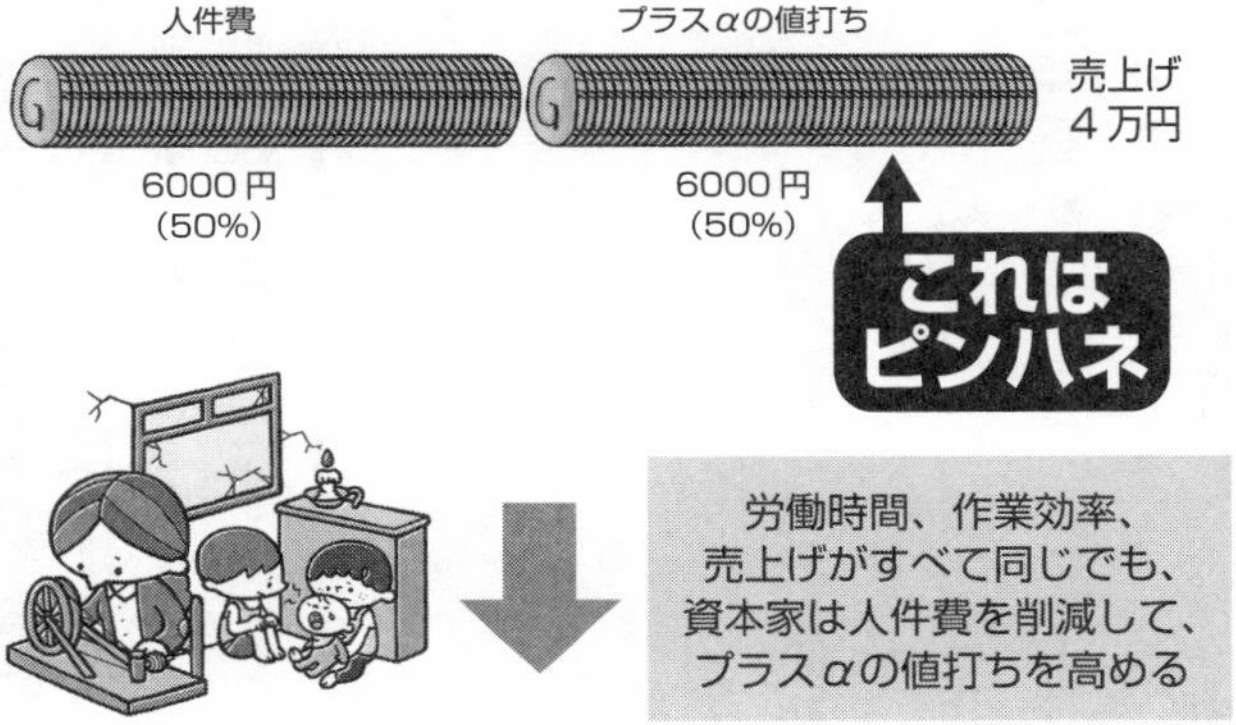

② 1時間50個生産×8時間で400個生産

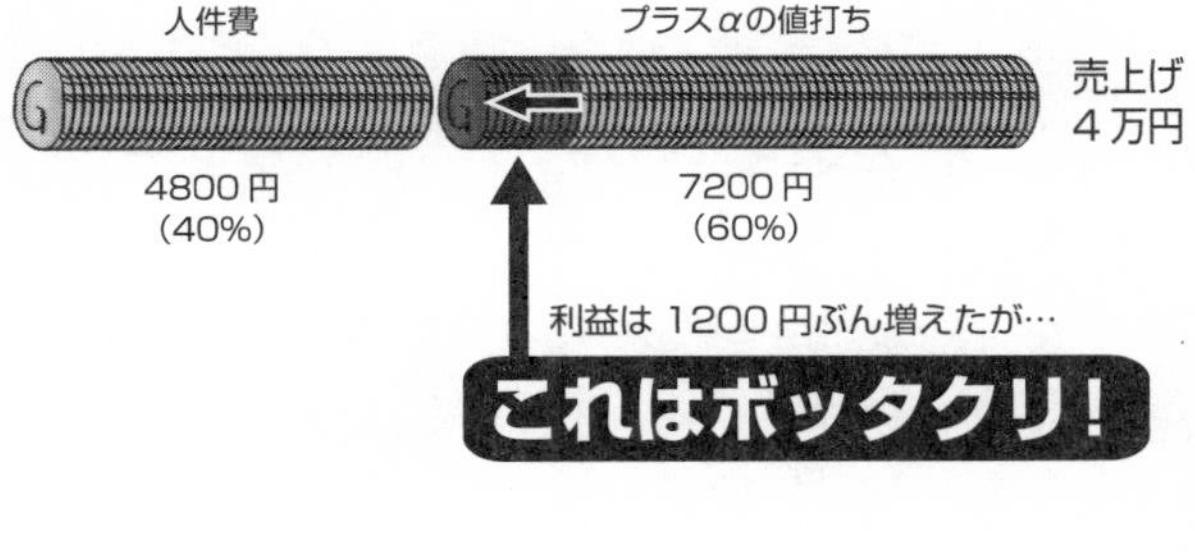

だから、はじめの200万円の利潤を再投資に回すことは重要である。

しかし贅沢のためのストイックとは、ほとんど矛盾だ。しかしこれも資本主義というシステムが資本家に強制すること。

資本家は労働者をいわば価値製造マシーンとして使っていた。しかし、あるときふと気付く。自分も資本が生み出した価値増殖システムの歯車になっていることに。

✿利益を増やすためなら何だってやる

利潤に占める再投資の割合が一定だとしたら、再投資額を増やすためには、利潤自体を増やすしかない。

資本家は労働者を雇うとき、たがいに対等にフェアに契約を結んでいるように見せていた。しかし、資本が拡大再生産をくり返すにつれて、次第に本音が現れる。

そう、資本は増殖するためなら何だってするのだ。

利潤を増やそうとすると、ピンハネ率を高

> 資本家の高く張った胸のうちでは、蓄積衝動と享楽衝動とのファウスト的葛藤が展開されるのである。

めればよい。平たくいうと、人件費を削減するのだ。労働者にはよりつつましい生活を強制する。これはいままでの前提をすべてひっくり返す、ほんとうの意味でのボッタクリだ。

また生産性を高めて超過利潤を増やそうとする。機械は使えば使うほど消耗する。それは機械の価値を、新しく作る商品に移し変えていくからだ。資本の拡大再生産によって生産力が向上すると、機械の価値がよりスピーディーにしぼりとれる。そして即効で新しく、より性能が高い新しい機械に買い換えられるのだ。おおむね新しい機械は性能が高くなったほどは値段は高くはない。

上級編

『資本論』用語まめ辞典

■蓄積原本・個人的消費原本

資本家は利潤を得ると、それを再投資に回すか、個人的な消費に回すかを判断する。前者にあてる剰余価値を蓄積原本といい、後者にあてるぶんを個人的消費原本という。現在の株式会社でいえば、前者が利益の内部留保分または準備金、後者が配当分だといえよう。その配分を決めるのは、マルクスの表現では、資本家の「節欲」にかかっている。「衝動と貪欲とが、絶対的な欲情として支配する」。

■労働基金

マルクスのいう可変資本、つまり労働力に対して支払われる資本の部分の基礎になる、労働者の生活費のこと。古典派経済学によって使われる言葉。

24 資本主義が発展すると①労働者は資本家同士の闘いの犠牲者となる

第7篇　資本の蓄積過程
第23章　資本主義的蓄積の一般的法則①

✿資本の増加は労働者への支配力を強めていくこと

資本が拡大再生産されるにしたがって、新たに投資される額はどんどんデカくなる。ということは、労働者の数も増えていくだろう。そしてどんどん増えていけば、やがてすべての人が職にありつき、結果人手不足となり、人件費が高くなっていく……はず。

もちろん資本がそうはさせない。資本が求めるのは、ほどよく貧しい労働者たちであり、けっして彼らを豊かにする気はない。やがて起こる不況で、大量のリストラがなされる。労働者は結局、資本の動きに逆らえないのだ。資本は労働者を豊かにするために増えるのではない。資本は自分が増えるために労働者を使っているだけなのだから。

マルクスはいう。資本主義社会において豊かな人というのは、お金や財産をたくさんもっ

★ 資本主義はこうして発展する

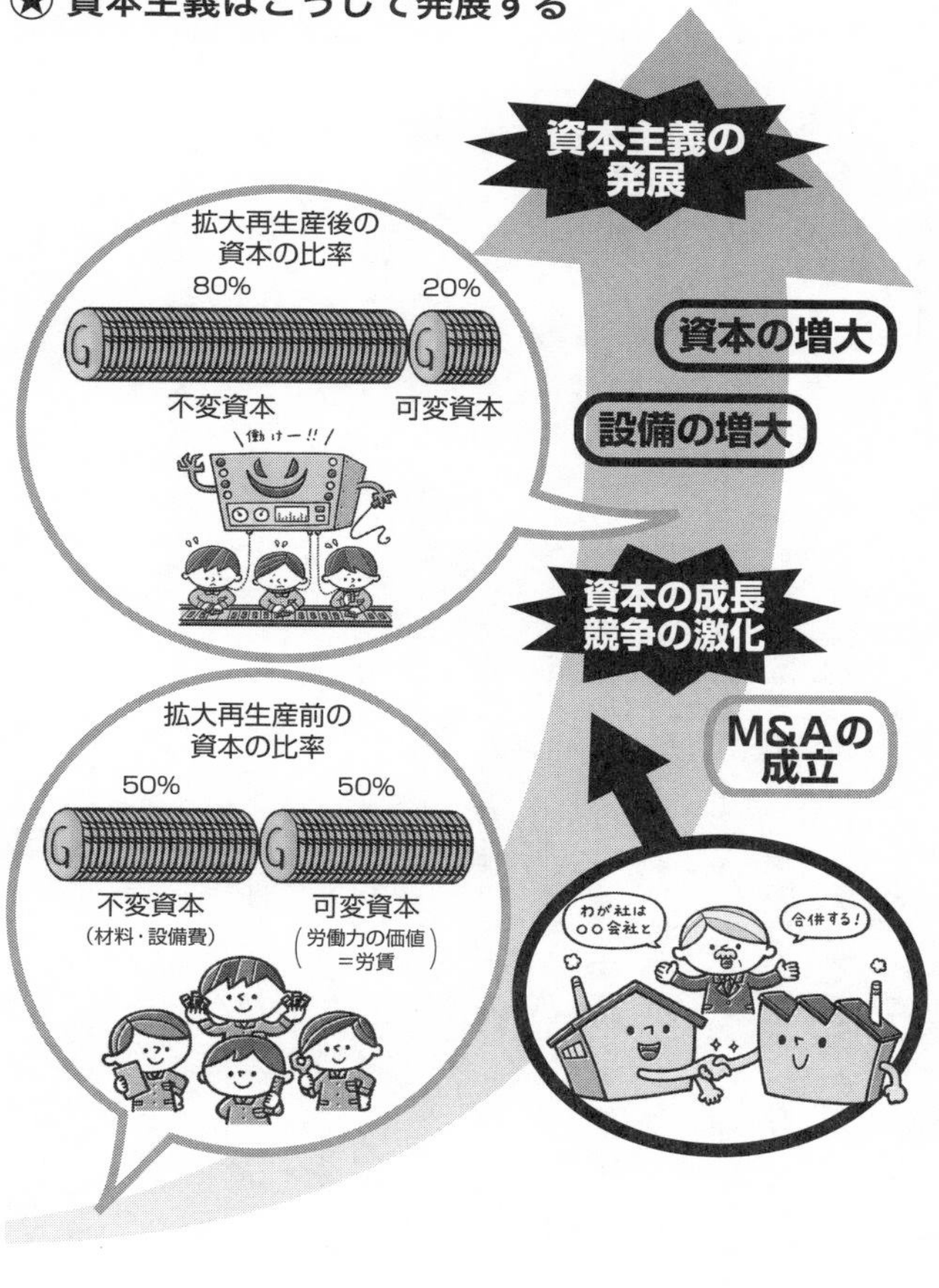

ている人ではなく、労働に対する支配力をもつ人。そして貧しい人というのは、お金がない人ではなく、気楽で自由そうに見える資本の従属関係から逃げられない人のことだ、と。

吸収・合併で資本はさらに大きくなる

投資は不変資本（材料や機械・設備など）と可変資本（人件費）とに分かれる。資本の再生産とともに投資額が大きくなり、機械や設備もバージョンアップしてさらに生産性が高くなるのだが、それに比例して労働者の数は増えない。資本の拡大再生産が進むにしたがって、不変資本の割合が増え、可変資本の割合が減っていくということだ。労働者の絶対的な人数自体は増える。がそれ以上に、機械や設備への投資額が莫大になる。

「資本の蓄積は、プロレタリアートの増殖である。」

マルクスは「商品生産の地盤は、ただ資本主義的形態となって初めて、大規模生産を担うことができる」という。資本主義が発展すればするほど規模は大きくなり、機械や設備はバカみたいにデカくなるのだけど、性能がいいから人の手をどんどん減らしていくのだ。

キョーレツな市場での価格競争は、資本の大きさくらべと成長競争を強いる。なぜならマルクスのいうように「より大きい資本はより小さい資本に勝つ」から。そうして資本の吸収・合併が行われる。いまでいう、M&A(Mergers & Acquisitions)だ。

巨大な資本同士による競争はさらに激化し、資本の労働者に対する支配力はさらに強くなる。と同時に、労働者を、ある意味、不要にして、どんどん賃金を下げていく。競争に負けた資本家はやがて労働者となり、プロレタリアートは増殖する。

上級編

『資本論』用語まめ辞典

■ **資本の価値組成(有機的構成)**

資本家は初めの投資で生産手段と労働者へ資本を投資(＝前貸し)する。その配分を価値から見た場合のこと。不変資本と可変資本との比率をいう。

■ **資本の技術的組成**

価値組成を具体的に機能する素材から見た場合のこと。原料や機械などの生産手段と賃金との比率をいう。

■ **プロレタリアート**

もともとは古代ローマの最下層にいた市民のことをいった。近世になり、生産手段をもたない賃労働者階級のことをいう。現代でいうサラリーマン。マルクスやエンゲルスにとっては、来るべき未来の社会を担う階級で、肯定的な意味合いが強い。

25

第7篇　資本の蓄積過程
第23章　資本主義的蓄積の一般的法則②

資本主義が発展すると②
結局、失業者や半失業者がどんどん増える

☼労働者の数ではない、労働の量がほしいだけ

　102ページで、量の増大がある一定量を超えると質の変化に変わる、といった。マルクスはここでもういちどそれを引き出してくる。つまり資本が増えるという量の問題が、不変資本が増えるに従って可変資本の割合が減っていき、大きな社会構造、つまり質の問題になるということ。労働者をあれほど必要としたのに、今度は労働者を不要にするのだ（量から質への変化）。

　資本は労働者からプラスαの剰余価値をピンハネしつつ、拡大再生産をくり返す。ほかの資本家も同じことをしており、勝敗を決するのは、結局、競争に勝ち抜くことである。誰が早くデカくなるかの競争だ。それのために生産力を増大させるべく新しい機械が導入

★ 景気のよしあしに翻弄される労働者

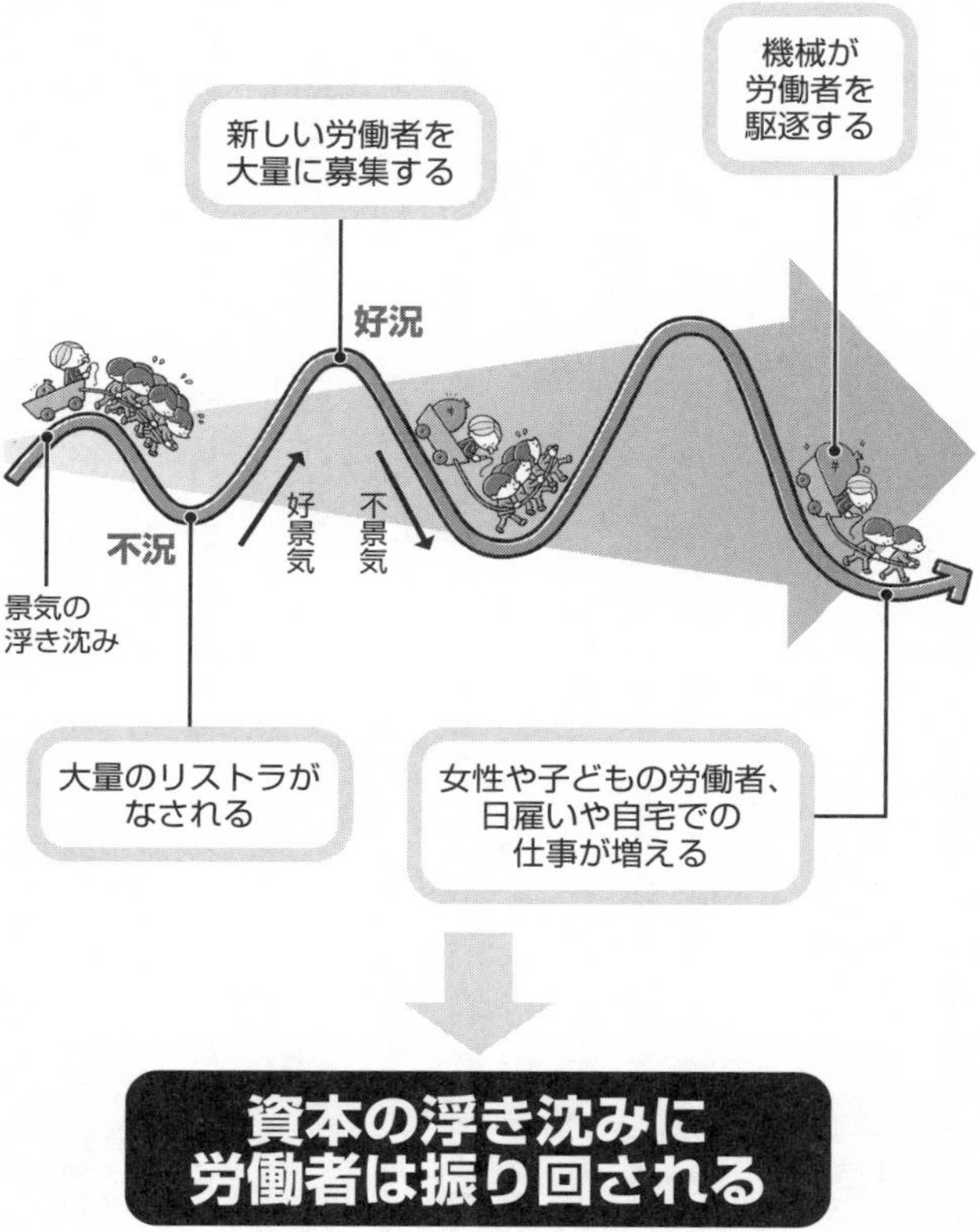
機械が
労働者を
駆逐する
新しい労働者を
大量に募集する
好況
不況
好景気
不景気
景気の
浮き沈み
大量のリストラが
なされる
女性や子どもの労働者、
日雇いや自宅での
仕事が増える
資本の浮き沈みに
労働者は振り回される

される。それにしたがってますます多くの労働者が必要とされなくなる。

そもそもの発端は、商品の価値とは、人がどれだけ手を加えたかという労働の量が決めるということだった。しかしこれは、自分の企業の労働者を増やすという意味ではない。他の企業の労働をピンハネすべく新しい生産手段を導入すればよいのだ。

✡同時に中途半端な労働者を必要とする

社会全体で見ると、新たな産業分野が出現しない限り、失業者がどんどん増える。景気が悪くなったら当然だが、資本は、好景気に対する準備としても、失業者を必要としている。好景気に向かって労働者が必要となるからである。景気は何年かおきに好景気と不景気のサイクルを描く。好景気の場合には投資額を増やし、不景気の場合には、生産を調整しなければならない。

> 資本主義的生産の機構は、資本の絶対的増大が一般的労働需要の対応的増大を伴うことのないように用意しているのである。

ここで資本にとって役立つのがある程度の数の失業者だ。加えてマルクスは、いわば中途半端な労働者、半失業者にも注目している。

いまでいうバイトや契約社員など、企業に都合よく使われる労働者だと思えばいいだろう。
そうした労働者の予備がいなければ、景気がよくて、人員を増やしたいときに、すぐに見つからなくなる。見つけにくければ、賃金は高くなる。また、たとえばちょっと前のIT産業のような、新しい分野の産業が興《おこ》るとする。資本はそこにドッと押し寄せる。そして多くの労働者が必要になる。というように、資本は一定数の都合のよい労働者たちを、みずからの拡大再生産に予備として必要としているのだ。やがて好景気が終われば、当然、労働者はお払い箱。労働者は景気変動によっていっそう翻弄される結果になる。

上級編
『資本論』用語まめ辞典

■ **産業予備軍**
過剰な労働者。就業を希望している失業者、日雇い労働者、児童・女性労働者など、資本にとって最も都合よく使われる労働者。これが正規で雇われている労働者の賃金抑制にも使われる。現代のマクロ経済学は見事にこう表現する。「インフレ非加速化失業率（NAIRU）」のようなものだ。

■ **産業循環**
景気の循環のこと。景気は好況と不況のサイクルを描く。好況のときは新規の投資が相次ぎ、不況のときは在庫の調整や労働者の解雇がなされる。これは資本主義の宿命であると同時に、資本の拡大の絶対条件となっている。つまりしばしば起こる不況（＝循環恐慌）は資本主義を崩壊させるどころか、逆に拡大させる。

26 第7篇 資本の蓄積過程
第23章 資本主義的蓄積の一般的法則③

資本主義が発展すると③ 貧しい労働者が増え、貧富の差が広がる

☼質の低い労働者(単純労働者)が増えていく

マルクスはここで、資本の拡大再生産とともに、労働者がどういう運命をたどるかを明らかにし、それらを一般的な法則としてまとめる。結論を先にいうなら、資本が拡大していくにつれて失業者の数が増えていくということだ。

マルクスが挙げている例を列記してみよう。

①資本は給料が安く手なずけやすい子どもや女性の労働者を増やし、成人の男性労働者を減らす。いまでいえば、中高年をリストラし、若いバイトを増やすということか。

②ある業界では好景気で別の業界では不景気だということがある。たとえば新規産業と衰退産業だ。しかし、古い産業の労働者で失業した人たちは、すぐに仕事を切り替えられ

★ マルクスが描く労働者の運命

るわけではない。だからある産業で失業者があふれているのに、別の産業では人手不足というようなひどい状況も起こる。

③農村から追い出されて労働力しか売るもののない人々が都市へ移動する。独立手工業から工場制手工業へ、さらに大工業へと発展するにしたがって、必要とされる労働者数が減り、失業者が増える。

そうして新しく産業が生まれる都市に多くの人が殺到し、極貧の生活を送ることになる。やがて一部の人々は、浮浪者、犯罪者、売春婦、など社会的に転落した層を作り出す。マルクスはいう。これらは富の資本主義的な生産と発展の一存在条件なのだ、と。

「それは資本の蓄積に対応する貧困の蓄積をかならず生む。」

資本主義の発展は貧富の格差を広げる

職のある労働者も絶えず、圧迫を受ける。資本家からは、労働時間のハンパない延長や、とんでもない効率化。そして拡大する資本の回転からは、機械や設備に自分の居場所を奪われる圧力を受け続ける。

いっぽうで工場の外を見てみれば、先に

いったような、失業者や中途半端な労働者たちが、自分の地位をつねに奪おうとしている。だから、過酷な労働環境にも我慢するしかない。

マルクスは、そうして資本主義が拡大していくにつれて、搾り取られる労働者の数が増えていくことを、資本主義の法則としてあげている。また労働者の生活はどんどん貧しくなる、ともいう。資本が大きくなればなるほど、貧困は大きくなる。つまり貧富の格差が資本主義の発展につれてどんどん広がっていくというのだ。もちろん、それは絶対的ではなく、資本の増大に比べて相対的な貧困である。

上級編

『資本論』用語まめ辞典

■ルンペン・プロレタリアート

資本主義社会の最下層階級。たとえば、ホームレス、犯罪者、売春婦など。

■被救護貧民

ルンペン・プロレタリアートを除く社会の最下層階級。マルクスが挙げた例でいうと、孤児や親が没落してまともな教育を受けられない子ども、産業の変革のために新しい仕事に就けない労働不能者、高齢のために就職が見つからない労働者、危険な仕事で事故に巻き込まれ障害をもつ人たち、または病気で働けない人たちなど。ルンペン・プロレタリアートと違うところは、彼らが資本主義体制の直接の犠牲者だということだ。彼らも景気の循環によって減ったり増えたりする産業予備軍の一員をなす。

27 第7篇 資本の蓄積過程
第24章 いわゆる本源的蓄積①

原点に戻って考えると、最初の「資本」の出どころって？

☼血みどろのなかで行われたはじめの蓄積

資本主義が始まる前の時代。誰がどこかからまとまったお金を集めて来て、それを投資してプラスαの剰余価値を生み出したのか？　その資本が拡大再生産によって、社会全体を揺り動かすことになるのは、これまで話してきたとおり。そのはじめのまとまったお金、それはどうやって生まれたのか？

マルクスはズバリいっている。「征服、圧制、強盗殺人、要するに暴力」からだ、と。

ここからしばらくマルクスは、資本が社会を支配する以前の、血みどろの歴史を描き出す。それは生産者から生産の手段（農民にとっての土地、自営業者にとっての道具・機械など）が引きはがされていく過程だ。舞台はイギリス。封建社会の崩壊とともに、農民が

★「資本」と「労働者」はこうして生まれた

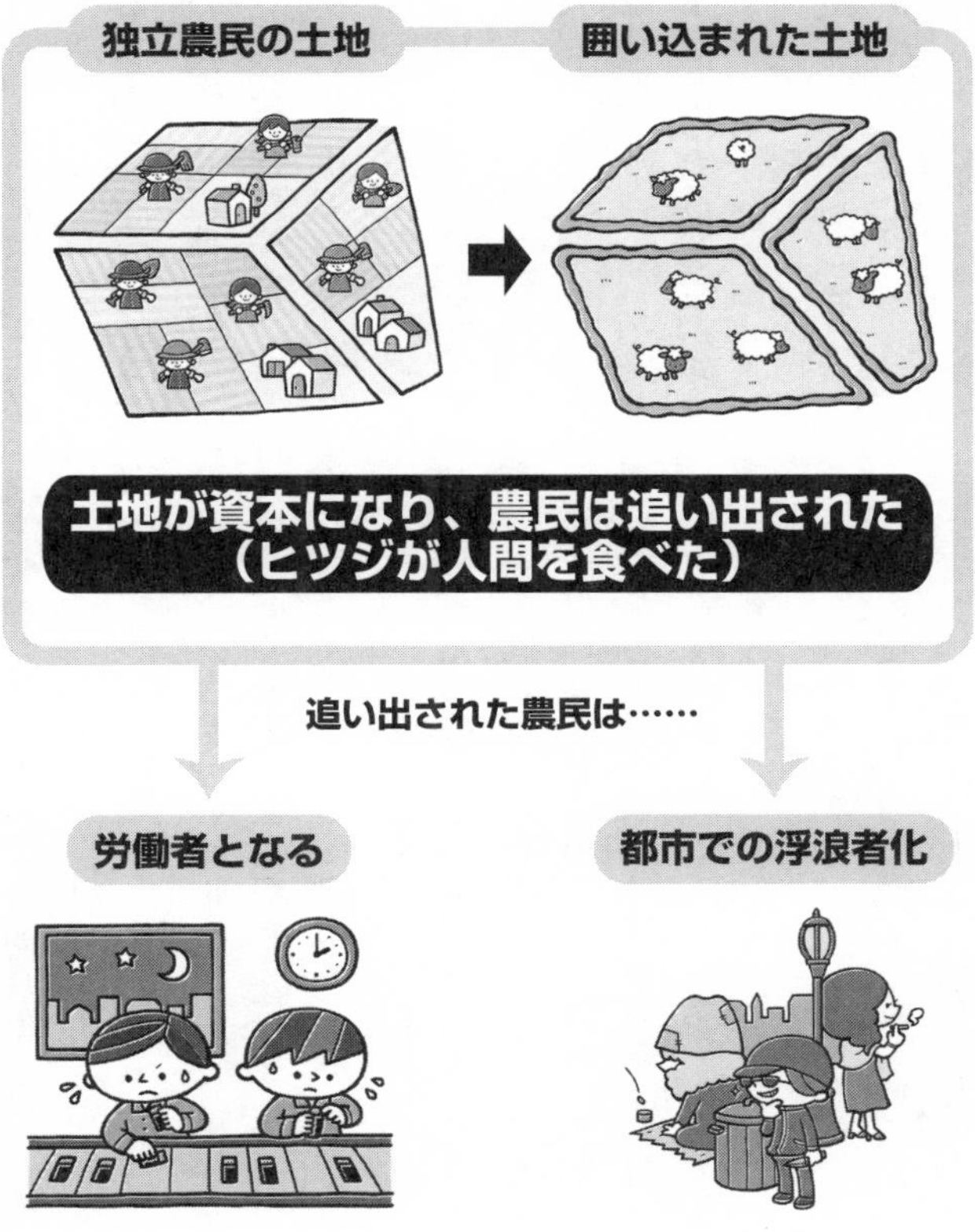
独立農民の土地
囲い込まれた土地
土地が資本になり、農民は追い出された
（ヒツジが人間を食べた）
追い出された農民は……
労働者となる
都市での浮浪者化

土地を奪われ、独立自営業者が生産手段を奪われ大量の賃金労働者が生み出された。

土地が強奪され、労働者が生まれた

イギリスの農民は、14世紀の後半には、ほとんど自分の土地を耕し、そこからの生産物で家族を養う独立自営農民だった。村には共同で使える土地があり、そこに羊や豚などを飼ってミルクなどを得ていた。そんな生活では、必要なものを市場で買ってくることは少なかった。

15世紀から16世紀の初めにかけて、羊を飼うための土地の収奪が始まる。ドーバー海峡の向こう、現在のベルギーのフランドル地方で、いち早く羊毛の工場制手工業が興っていたからだ。イギリスの地主は人間を追い出して牧羊業を過激に進めた。この過程は長い過程だった。

マルクスの挙げている例を紹介すれば、24の農場が三つに減らされている（そのぶん一つ一つは広い）。それがあちこちで行われ、

> 彼らの村落は、ことごとく取り壊されて焼き払われ、彼らの耕地はことごとく牧場に変ぜられた。

ある土地では100家族が10家族に減っているありさま。農民は、土地を奪われれば、生活していく術がない。19世紀にはスコットランドにおいて1814年から1820年にかけて約1万5000人、約3000家族が、暴力的に追い出された。

マルクスは「清掃」という言葉を使っている。その言葉どおり、人も家もきれいサッパリ取り除かれたのだ。

このようにして国有地、共同地、教会領が暴力的に略奪され、ある個人の持ち物とされた。そこからあふれ出した大量の農民が、労働力を売るしかない労働者になったのだ。

上級編

『資本論』用語まめ辞典

■本源的蓄積

本格的な資本主義発生に至る前の資本の蓄積。資本にとっての「初めの第一歩」。

■独立自営農民(ヨーマン)

イギリスにおける14世紀半ば以降、小さな土地を家族で耕していた小生産の農民層。15世紀半ば以降の、比較的裕福な小作人も含まれる。

■囲い込み

15世紀末から17世紀半ばに第一次囲い込みが起こる。おもに牧羊のために地主が土地を暴力的に大量所有したこと。第二次は18世紀から19世紀初めまで起こり、おもに食料増産を目的に、議会の承認を得て合法的に行われた。2回の囲い込みで、地主・資本家の台頭、大量の賃金労働者の出現が起こった。

28 第7篇 資本の蓄積過程
第24章 いわゆる本源的蓄積②

労働者をつくったのは、「資本」と「国家」の強力タッグだった

国家が資本の成長を助けた3つの役割

15世紀ごろ、資本はまだヨチヨチ歩きのひ弱な状態だった。それが大きく育つために国家が大きな役割を果たした。そこで果たした役割をマルクスはおもに三つ挙げている。

①浮浪者などの取り締まり

土地を暴力的に奪われた農民たちは、仕方なく都市に押し寄せた。しかしまだ資本主義は十分に発達しておらず、大量の賃金労働者を雇うほどのスケールではなかった。そして都市には大量のホームレス、盗人などが出現した。国家は「血の立法」によって文字どおり彼らを暴力的に取り締まった。マルクスの挙げた例の一部を列記しよう。

16世紀初め、働けるホームレスには、体から血が出るまでの鞭《むち》打ちと拘禁《こうきん》。2回目に捕

★ 国家が行った「暴力行為」

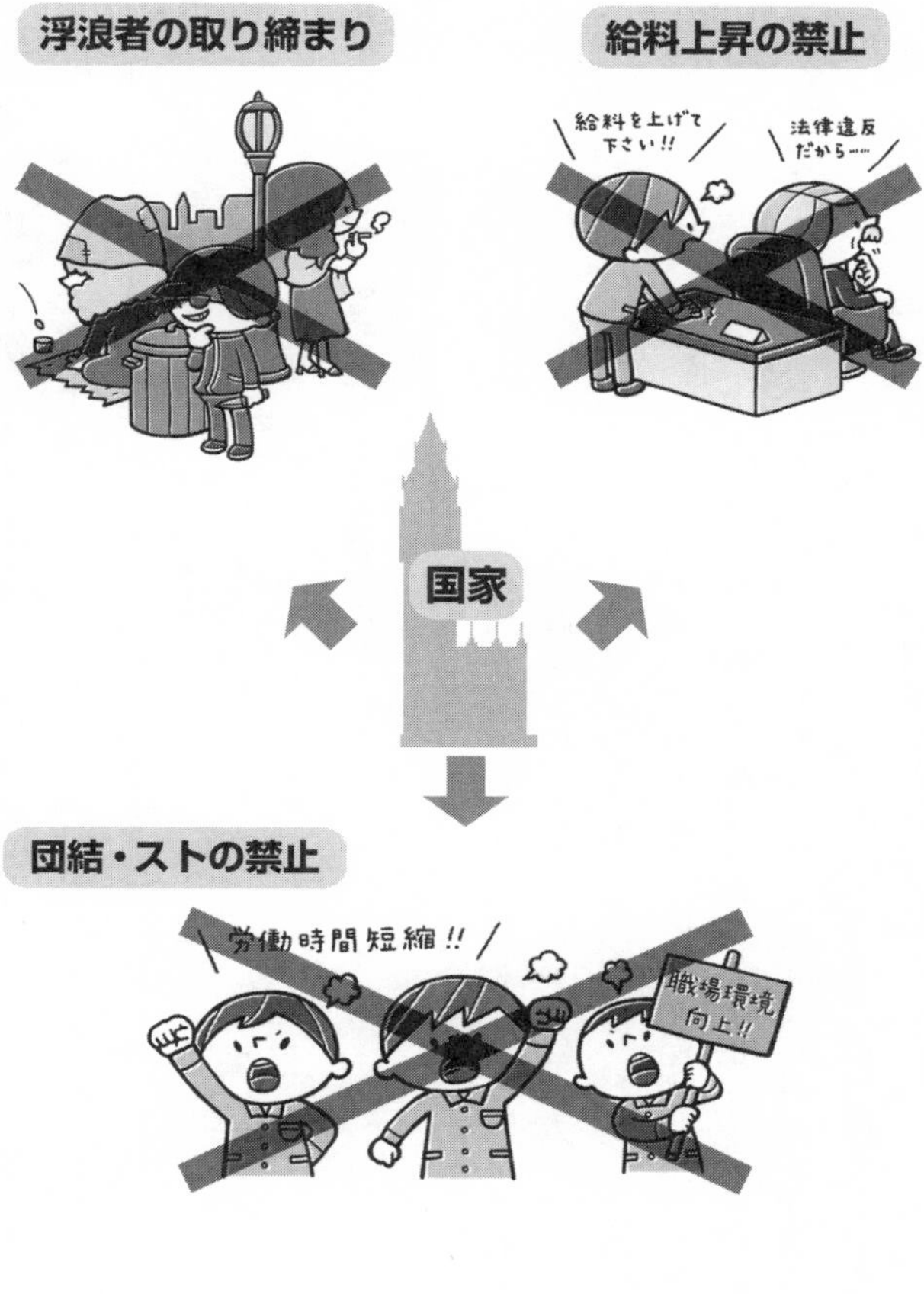
浮浪者の取り締まり
給料上昇の禁止
給料を上げて下さい!!
法律違反だから……
国家
団結・ストの禁止
労働時間短縮!!
職場環境向上!!

まれば、鞭打ちに加え、耳が半分切り取られる。3回目、死刑。16世紀半ば、鞭と鎖で奴隷にされる。S字の烙印。奴隷が主人に逆らえば死刑。16世紀後半、1回目は鞭打ちと烙印。2回目、雇う者がいなければ死刑。3回目は反逆者として死刑。17世紀初め、公開鞭打ち、入獄、R字の烙印、強制労働。再逮捕時は死刑。

……そうして、労働することを誓わされた。

✿労賃は抑えられ、文句をいうこともできない

②労賃上昇の禁止

> 興起しつつあるブルジョアジーは、
> (中略)
> 国家権力を必要とし、利用する。

資本に対して人件費の割合が増えれば利益は減る。幼い資本にとっては、人件費の負担がキツかった。だから国家はいろんな法律で、労賃の上限を決めて資本を保護した。たとえば、ある程度以上の労賃を払うことは禁止。さらに罰則は労賃を受け取る側がより重罪になる、というもので、そこには国家と資本のいい関係が表れていた。

③団結、ストの禁止

14世紀、労働者が集まって組合をつくったり、ストライキをすることは断固禁止された。マルクスの時代に至る500年後「全く不本意」ながら廃止されるまで重罪だった。

マルクスが描いたおぞましい時代を考えると、いまがなんていい時代だと思うかもしれない。プータローやパラサイトやニートをしていても警察に捕まることはない。労賃上昇が禁止されるどころか、最低賃金が法律で決まっているし、ストや団結は憲法で保障されている。しかし、それは表面だ。代わりに仕事がなくなり、最後には最低賃金も下がる……。

上級編

『資本論』用語まめ辞典

■労働者法

イギリスで1349年成立。労働時間の延長を強制し、賃金の上昇を禁止する法律。その後、関連する諸法規で、処罰がますます重くなり、団結の禁止まで範囲を広げる。その資本家寄りの性格は、賃金の上限を決めているのに下限を決めていないこと、または支払うよりも受け取るほうが刑罰が重いことに表れるとマルクスはいう。

■同職組合(ギルド)

製造技術や価格決定権を独占した手工業者同士の排他的な組合。12世紀前半に発生し、中世社会で強い勢力をもっていた。農業革命や土地の囲い込みで農村を追われた農民は、ギルドに加入できず、台頭しつつあった工場の賃金労働者となった。

29 第7篇 資本の蓄積過程
第24章 いわゆる本源的蓄積③

資本主義社会の未来はどうなる？

生産する手段が奪われる歴史

170ページから、資本が蓄積される過程を見てきた。マルクスの表現でいえば、野蛮、陋劣《ろうれつ》、醜悪、卑怯な憎むべき激情の衝動でボッタくってきたというわけだ。ただし、いったん資本主義のシステムができてしまえば、資本家はそのような悪どいことをしない（現実は別にして、理論的には）。フェアに取引することで資本は増える。が、しわ寄せは労働者に押し寄せる。

さて、資本が形成される過程で見られたいくつかのポイントをまとめよう。

①分散していた生産手段の集中、②小規模所有から大規模所有への変化。労働者が生産手段や土地を奪われ、みずから作った生産物を自分のものにできないよう

★ マルクスが考えた「資本主義の発展にともなう変化」

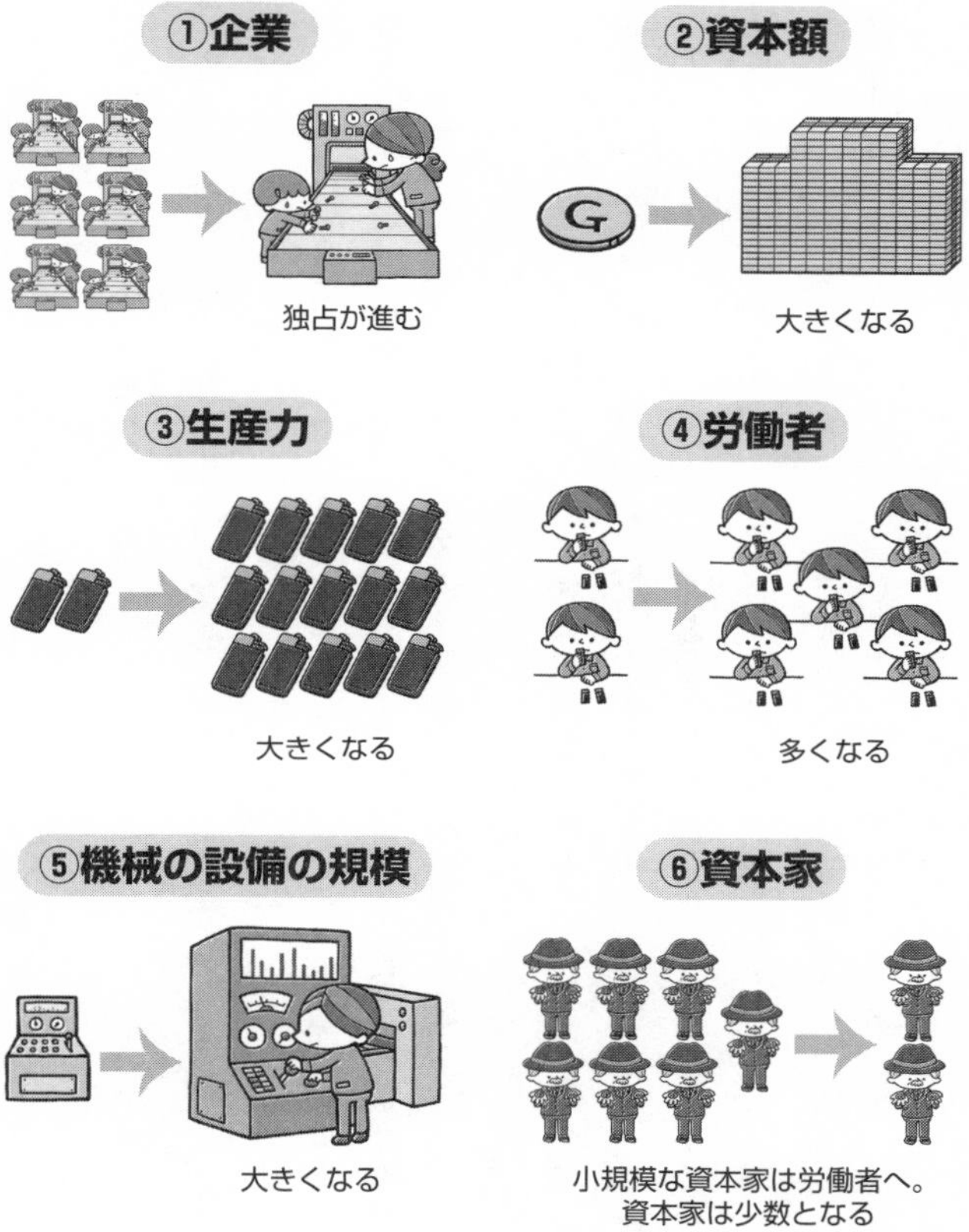

になっていったというわけだ。

マルクスの描く資本主義の未来

そこまでは、資本主義の論理といえよう。しかしマルクスは未来の姿を描き出す。そう、これからの時代だ。

吸収・合併をくり返して集中された資本はどんどん巨大になる。資本はグローバル化される。少ない資本家が多くの資本家を滅ぼしていく。その結果、小資産家は労働者となり、労働者はどんどん増えていく。そこにマルクスは階級対立の可能性を見る。

いつかそれが爆発して革命が起こり、「収奪者が収奪される」。キーワードは「社会化」だ。やがて資本主義は、資本を資本みずからの運命として社会化せざるをえなくなる。その究極が共産主義ということだろう。

この予言の正否は、いまなお議論は続いているし、現代をマルクスが語る「未来」のどこと見るかでも違ってくるだろう。

「資本主義的私有の最期を告げる鐘が鳴る。収奪者が収奪される。」

いま、企業の吸収・合併が相次ぎ、社会の生産手段や富が独占されてきているが、その独占は逆に多くの人に分散されつつある（社会化）ともいえる。いい例が株式会社。超巨大企業は多くの株主がいる。三菱ＵＦＪフィナンシャルグループ約84万人、パナソニック約42万人、ソフトバンク約85万人、トヨタ自動車約44万人（21年9月時点）などなど。これはそれだけ多くの人に生産手段が分散されて、社会化されているということだ。

とはいえ、大株主は少数であり、彼が指摘した資本主義の矛盾は、いまだにいっこうに解決していない。

上級編

『資本論』用語まめ辞典

■直接生産者

何かを生産する道具や機械など、生産手段を自分のもち物にしており、生産物も自分の所有物にする生産者。農民が土地や鍬や牛をもっており、収穫物を自分のものにしているなど。

■商人資本

近代的な産業資本が起こる前からある資本の形式。ある土地で買ってきた物を別の土地で高く売って利益を得る。貨幣→商品→貨幣＋αで生産過程を含まないものだといえる。

■高利貸資本

こちらも産業資本以前の資本形式。利子生み資本ともいう。貨幣→商品→貨幣＋αの商品さえも取っ払って、貨幣→貨幣＋α（＝利子）で利益を得る。

30 第7篇 資本の蓄積過程
第25章 近代植民理論

植民地さえも例外ではなかった

貧乏な労働者がいない!

マルクスは、アメリカに注目する。そこでは、資本主義がなかなか起こらなかった。その原因を突き止めることで、逆に、資本主義には何が必要なのかがよくわかるからだ。

ヨーロッパの資本家は、大量の資本を手に新天地に押し寄せた。土地を買い、材料や機械・設備をたいそう立派なものにし、資本主義開始!……とはいかなかった。ピンハネする労働者がいないのだ。その原因はおもに二つ。

①労働者が独立している。

マルクスの挙げた例をいうと、彼らはみずから土地を耕し、家具や道具をみずから作り、家を建て、生産物を自分で売る。「彼らは紡ぎ手でもあり織り手でもあり、自家用の石け

★ マルクスが注目した アメリカで資本主義が起こらなかった理由

んやろうそく、靴や衣服を自分で作る」という。これは彼らが生産する手段をもっているということであり、つまり彼らは労働者ではないということだ。

②土地が広すぎる。

アメリカでは、安いお金で耕す土地も住む土地も手に入る。だから入植者たちはガムシャラに働く必要がない。すぐに生活に必要なお金がまかなえるから。それを上回るお金はすべて彼自身の儲けになる。労働者として働いていても、あんまりひどい環境であれば、「ヤーメタ」ですぐに逃げ出す。

というわけで、アメリカでは自分の能力しか売り物がない賃金労働者がなかなか手に入らなかったのだ。

「資本は物ではなく、物によって媒介された人と人とのあいだの社会的関係である。」

やはり労働者の出現が大きなきっかけ

これはこれまで述べてきた資本主義の始まる条件をあらためて裏打ちする。生産する手段が特定の個人（資本家）に集められており、それを奪われている労働者、なかでも、どのような過酷な労働環境でもすがりつくしかないような貧しい労働者が、ゴチャゴチャと集められていなければならないということ。結局、ピンハネできる労働者の出現が絶対必要な条件というわけだ。

が、やがて、「裕福で独立的で企業心に富み、比較的教養のある」人たちの国アメリカでも資本主義が起こった。理由の一つは持続的な移民で東海岸に人口が増え続け、東部の都市に労働者があふれたことである。要するに土地を持たない労働者が出現したということである。

マルクスはいう。そのことで、アメリカは「天国であることをやめた」と。

上級編
『資本論』用語まめ辞典

■**アメリカの独立**
1776年の独立宣言で、13州が独立。したがってマルクスが『資本論』を書いているとき（1860年代）には、すでに資本家は発生しつつあったのだが、イギリスほどではなかったのだ。

■**組織的植民**
賃金労働者を強制的に作りあげる方法。国家が強制的に土地を値上げし、取得を難しくする。そして売上金の一部で、多数の移民を呼ぶ、というもの。

■**南北戦争**
1861年から65年に起こった、北部諸州と南部諸州との内戦。北部が勝利し、奴隷解放が実現した。

31 第2巻 資本の流通過程
第3巻 資本主義的生産の総過程

必然的に恐慌は起きる。それでも、資本の拡大は続く

第2巻、第3巻で取り上げていること

『資本論』1巻では、プラスαの剰余価値が資本に変化し、どんどん大きくなっていくまで（資本の生産過程）が分析された。

続く2巻ではそのプラスαの剰余価値が市場でどのように回転するかが説明される（資本の流通過程）。より現実的で具体的になってくるわけだ。そして個別の資本家のもつ資本をすべてひっくるめた社会全体での資本（社会的総資本）の動きを追う。よりスケールの大きい話になるのだ。

第二巻 資本の流通過程

序文（エンゲルス）
第一篇 資本の諸変態とそれらの循環
第一章 貨幣資本の循環
第二章 生産資本の循環
第三章 商品資本の循環
第四章 循環過程の三つの形
第五章 流通期間
第六章 流通費
第二篇 資本の回転
第七章 回転期間と回転度数
第八章 固定資本と流動資本
第九章 前貸資本の総回転。回転の循環
第一〇章 固定資本と流動資本にかんする諸理論。重農学派とアダム・スミス
第一一章 固定資本と流動資本にかんする諸理論。リカード
第一二章 労働期間
第一三章 生産期間
第一四章 流通期間
第一五章 回転期間が資本前貸の大きさに及ぼす影響
第一六章 可変資本の回転
第一七章 剰余価値の流通
第三篇 社会的総資本の再生産と流通
第一八章 緒論
第一九章 研究の対象にかんする従来の諸説
第二〇章 単純再生産
第二一章 蓄積と拡大再生産

★『資本論』第２巻、第３巻の構成

第三巻　資本主義的生産の総過程

序文（エンゲルス）

第一篇　剰余価値の利潤への転化と剰余価値率の利潤率への転化

第一章　費用価格と利潤
第二章　利潤率
第三章　剰余価値率にたいする利潤率の関係
第四章　回転の利潤率に及ぼす影響
第五章　不変資本の充用における節約
第六章　価格変動の影響
第七章　補遺

第二篇　利潤の平均利潤への転化

第八章　相異なる生産部門における資本の不等な組成とそれから生ずる利潤率の不等
第九章　一般的利潤率（平均利潤率）の形成と商品価値の生産価格への転化
第一〇章　競争による一般的利潤率の均等化。市場価格と市場価値。超過利潤
第一一章　労働賃金の一般的諸変動が生産価格に及ぼす諸影響
第一二章　補遺

第三篇　利潤率の傾向的低下の法則

第一三章　この法則そのもの
第一四章　反対に作用する諸原因
第一五章　この法則の内的矛盾の展開

第四篇　商品資本および貨幣資本の商品取引資本および貨幣取引資本への転化（商人資本）

第一六章　商品取引資本
第一七章　商業利潤
第一八章　商人資本の回転。諸価格
第一九章　貨幣取引資本
第二〇章　商人資本にかんする歴史的考察

第五篇　利子と企業者利得とへの利潤の分割。利子付資本

第二一章　利子付資本
第二二章　利潤の分割。利子率。利子率の「自然的」な率
第二三章　利子と企業者利得
第二四章　利子付資本の形態における資本関係の外在化
第二五章　信用と空資本
第二六章　貨幣資本の蓄積、その利子率に及ぼす影響
第二七章　資本主義的生産における信用の役割
第二八章　流通手段と資本。トゥックおよびフラートンの見解
第二九章　銀行資本の構成部分
第三〇章　貨幣資本と現実資本　Ⅰ
第三一章　貨幣資本と現実資本　Ⅱ（続）
第三二章　貨幣資本と現実資本　Ⅲ（結）
第三三章　信用制度のもとにおける流通手段
第三四章　通貨主義と一八四四年のイギリス銀行立法
第三五章　貴金属と為替相場
第三六章　資本主義以前

第六篇　超過利潤の地代への転化

第三七章　緒論
第三八章　差額地代。総論
第三九章　差額地代の第一形態（差額地代Ⅰ）
第四〇章　差額地代の第二形態（差額地代Ⅱ）
第四一章　差額地代Ⅱ──第一、生産価格が不変なばあい
第四二章　差額地代Ⅱ──第二、生産価格が低下するばあい
第四三章　差額地代Ⅱ──第三、生産価格が上昇するばあい。結論
第四四章　最劣等耕地にも生ずる差額地代
第四五章　絶対地代
第四六章　建築地地代。鉱山地代。土地価格
第四七章　資本主義的地代の生成

第七篇　諸収入とその諸源泉

第四八章　三位一体の定式
第四九章　生産過程の分析のために
第五〇章　競争の外観
第五一章　分配諸関係と生産諸関係
第五二章　諸階級
補遺（エンゲルス）
一　価値法則と利潤率
二　取引所

そして3巻は「資本主義的生産の総過程」となっている。目次の「篇」だけ見ていってほしい。1篇、プラスαの剰余価値が利潤に変わる。2篇、利潤が平均化される（平均利潤）。3篇、利潤率が下がっていく（利潤率の傾向的低下）。とりあえずここまで見ればなんとなくわかるように、『資本論』の最大の興味は、資本主義社会が崩壊することを理論的に示すということだ。

✿生産力アップと競争の激化が恐慌を生む

資本主義は、生産力をどんどん高める。そのために資本は機械や設備をどんどん大きくする。

不況下で低い利子率で資本を集め、安い賃金と安い不変資本で資本は稼働し始める。この不況下では、利潤率は高い。やがて好況に向かっていくにつれて、利子率は高くなり、利潤率は低くなる。それは好況とともに労働者の賃金が上がり始めるからだ。

「資本主義的生産の真の制限は、資本そのものである。」

こうして資本は次第により多く資本を借り

る必要が生じ、現金需要が生じる。

そこで賃金需要に対応できなくなった企業は倒産する。これが恐慌である。

恐慌の原因は利潤率の傾向的低下の法則、部門間（生産手段の生産部門と消費手段の生産部門）の不均衡などによって説明される。

しかし、恐慌は新たな資本の拡大再生産の幕開けにすぎない。恐慌を乗り切れない企業は淘汰される。そして真の競争力をもつ企業が、さらに巨大な投資を行う……。

上級編

『資本論』用語まめ辞典

■恐慌

英語で〝crisis〟が示すとおり、経済の危機的状況。マルクスは恐慌を論じた数少ない経済学者の一人といわれている。

恐慌は信用の連鎖が切れることで起こる（信用恐慌）。その背景には過剰生産がある。恐慌になると商品は売れなくなる。

恐慌が起こる最も単純な可能性は、貨幣と商品が分離すること（売れないということ）である。


しかし、それは「恐慌の可能性を、だがまたその可能性のみを、含んでいる」という。必然的に起る原因については、生産手段と消費手段の生産の不均衡、利潤率の低落などの様々な原因がある。

青春新書 PLAYBOOKS

人生を自由自在に活動《プレイ》する

人生の活動源として

いま要求される新しい気運は、最も現実的な生々しい時代に吐息する大衆の活力と活動源である。

文明はすべてを合理化し、自主的精神はますます衰退に瀕し、自由は奪われようとしている今日、プレイブックスに課せられた役割と必要は広く新鮮な願いとなろう。

いわゆる知識人にもとめる書物は数多く窺うまでもない。

本刊行は、在来の観念類型を打破し、謂わば現代生活の機能に即する潤滑油として、逞しい生命を吹込もうとするものである。

われわれの現状は、埃りと騒音に紛れ、雑踏に苛まれ、あくせく追われる仕事に、日々の不安は健全な精神生活を妨げる圧迫感となり、まさに現実はストレス症状を呈している。

プレイブックスは、それらすべてのうっ積を吹きとばし、自由闊達な活動力を培養し、勇気と自信を生みだす最も楽しいシリーズたらんことを、われわれは鋭意貫かんとするものである。

—創始者のことば— 小澤和一

監修者紹介

的場昭弘〈まとば あきひろ〉

1952年、宮崎県生まれ。慶應義塾大学大学院経済学研究科博士課程修了、経済学博士。現在、神奈川大学副学長。日本を代表するマルクス経済学者。著書に、『いまこそ「社会主義」』(池上彰氏との共著・朝日新書)、『未来のプルードン』(亜紀書房)、『超訳「資本論」』全三巻(祥伝社新書)、『一週間de資本論』(NHK出版)、『マルクスだったらこう考える』(光文社新書)など多数。

図解《ずかい》

明日《あす》を生《い》きるための「資本論《しほんろん》」　青春新書 PLAYBOOKS

2021年10月25日　第1刷

監修者　的《まと》場《ば》昭《あき》弘《ひろ》

発行者　小澤源太郎

責任編集　株式会社プライム涌光

電話　編集部　03(3203)2850

発行所　東京都新宿区若松町12番1号 〒162-0056　株式会社青春出版社

電話　営業部　03(3207)1916　振替番号　00190-7-98602

印刷・三松堂　製本・フォーネット社

ISBN978-4-413-21186-4